Wie werde ich reicher als meine Eltern?
Alles, was du über Geld wissen musst

我怎样才能比父母更富有

[德] 托拜厄斯 · 克洛斯特曼 Tobias Klostermann 著
[德] 克莱尔 · 伦科娃 claire Lenkova 插画

关于钱你需要知道的一切

中国青年出版社

图书在版编目（CIP）数据

我怎样才能比父母更富有：关于钱你需要知道的一切 / (德) 托拜厄斯 · 克洛斯特曼著；赵飞译. -- 北京：中国青年出版社, 2024. 8. -- ISBN 978-7-5153-7350-8

Ⅰ. F830.59

中国国家版本馆CIP数据核字第20244RL025号

Author: Tobias Klostermann

Illustrator: claire Lenkova

Title: Wie werde ich reicher als meine Eltern? Alles, was du über Geld wissen musst

我怎样才能比父母更富有：关于钱你需要知道的一切

作　　者：［德］托拜厄斯 · 克洛斯特曼
译　　者：赵　飞
策划编辑：刘　吉
责任编辑：刘　吉
美术编辑：佟雪莹
出　　版：中国青年出版社
发　　行：北京中青文文化传媒有限公司
电　　话：010-65511272 / 65516873
公司网址：www.cyb.com.cn
购书网址：zqwts.tmall.com
印　　刷：北京博海升彩色印刷有限公司
版　　次：2024年8月第1版
印　　次：2024年8月第1次印刷
开　　本：787mm × 1092mm　1/16
字　　数：120千字
印　　张：10
京权图字：01-2023-1830
书　　号：ISBN 978-7-5153-7350-8
定　　价：69.00元

目录

序言

金钱不是静止的，金钱是能量，它必须流动起来。

为什么偏偏是我来告诉你，你该如何才能比你的父母更富有？书的封面上有一个名字——托比亚斯·克劳斯曼。没错，这就是我——ecoblue AG的创始人以及金融和财产咨询部的董事。当你读到这里的时候，你的脑海中可能会浮现出一些对我的想法。比如：肯定又是在婴儿潮一代出生的人，曾经在某个精英大学深造，唯一的成就就是没有把父亲的财产挥霍干净。

我承认，我比你年长。但是这只能证明，我曾经拥有更多的时间去做一些正确的事情，以及——多得数不清的错事。这些错误的事情有的和我个人的生活有关，有的和金钱有关，而大多数时候和两者都有关联。现在我们一起退回那个年代——20世纪80年代，那时我正处于你现在的年纪，那个时候还存在着“两个德国”，我在社会主义东德长大。

“缤纷多彩、蜜糖般甜美以及超级开心”，这些词属于80年代那帮人的回忆，你们或许从某些电视剧或者歌曲中感受到过那个年代的这些特征。然而80年代在我的回忆里完全是另一番模样。房屋、服装甚至大部分的人，它们是单调乏味的、脏兮兮以及灰蒙蒙的。如果你那时想要穿彩色的衣服，你必须为此费上好大的力气。当时我唯一的希望是我的姑婆，她住在加利福尼亚，会定期邮寄给我们爱心包裹。包裹里面有Wrangler牌子的牛仔裤、巧克力、口香糖和Matchbox的汽车模型，这些对当时的我来说是生活中仅剩的乐趣。这样说似乎也不完全正确，还有一样事物令我着迷——我最爱的击剑。击剑有花剑、重剑和佩剑之分，选手穿着雪白的胸甲、雪白的裤子，戴着雪白的手套，这让人完全无法联想到灰暗

和乏味，而我恰好在一个单调、灰暗的国家长大。

在少年时期，当我不参加训练的时候，或者在电视上看击剑比赛时，我会梦想自己有一天也能参加这些比赛。当时的我也没有其他的事情做，在柏林墙的这一侧，生活就是一场灾难。甚至我的鞋子因为过于破旧以及反复修补，也经常会在击剑的时候裂开。

我想出去，我想去看看这个世界。然而我不被允许出去。普通的市民在当时很难离开东德。人们既不能订一张机票或者火车票，也不可以自己开车去别的国家旅行。但是运动员可以。在布达佩斯、捷克的奥洛穆茨以及波兰的卡托维兹举行的国际比赛上，我和来自全欧洲的击剑手进行交锋。让我印象深刻的是：其他的击剑手都穿着多么棒的鞋子！是带着三条杠真正的阿迪达斯。我只是从故事里听到过，或者从电视中看到过它。或者它在我的梦中出现过。我必须、必须、必须拥有这双鞋子。可能就是在这次的国际巡回比赛中我明白了：生活中有很多美丽的事物，我想要拥有它们。但是我清楚地知道：仅仅作为东德的年轻击剑手，我还无法完成自己的愿望。

我日思夜想的地方绝对不是奥洛穆茨或者布达佩斯。也不是阿姆斯特丹或者纽约。而是陶贝尔比绍夫海姆的击剑寄宿学校，一个坐落在巴登符腾堡州的小城市，它谈不上有什么酷的地方。然而就像洛杉矶对电影的意义，巴黎对时尚的意义，柏林对狂欢的意义，陶贝尔比绍夫海姆对于击剑便是这样的存在：世界的中心。

但是在当时的东德，作为一个十几岁的孩子，大多数人没有办法探索自己的人生。我上的那所学校已经规定好每个人未来要做什么。我当时很想拿到文理中学毕业证书，然后去读大学。然而在我拿到实科中学的毕业证之后，校长把我叫到他的办公室告诉我："你将来要成为一名货车机械师。"我的上帝呀！——如果让我想象在我人生中有什么抗拒或者压根不想做的工作，估计给发动机拧螺丝要排在第一位了吧。哎呀，真是倒霉，然而反抗是徒劳的。

1989年的秋天，上帝送给了我一份礼物。柏林墙倒下了，两德统一。界限消失了，我面前是整个世界的入口，再也没有人能够妨碍我去征服它。第一站？当然是陶贝尔比绍夫海姆的击剑寄宿学校！

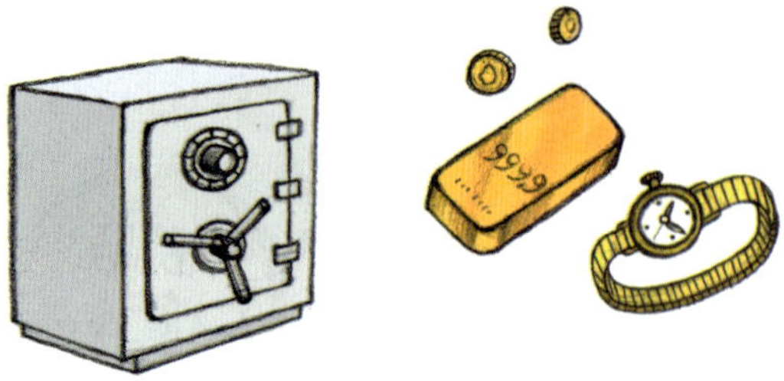

口袋里装着试用训练的邀请，我坐上了开往陶贝尔比绍夫海姆的火车。我的眼前是一个从未谋面却令人兴奋的世界，我的脑海中只有一个想法：我的梦想要成真了。

在训练之后训练员把我叫到一边：“小伙子！”他说，“你击剑的时候像是赌上了自己的性命。”他说的确实没错。我在击剑技巧上不是什么天才，但是我有着极大的热情。再说了，“陶贝尔比绍夫海姆”——这可是我的梦想。我被录取了。刚开始的时候我得到了人生中第一双带着三条杠的阿迪达斯鞋子。

马蒂亚斯-贝尔，我的教练，我的天呀、我的天呀、我的上帝呀，他还是一名奥林匹克比赛获奖者，他问我：“你的计划是什么？”我当时完全不能理解他想要从我这里知道些什么。我刚刚实现了我的目标：击剑寄宿学校，以及获得他的指导。他说：“你不能同时做击剑手和汽车维修学徒，白天在车间里拧上几个钟头的螺丝，然后晚上再回来训练，这样行不通。”按照他的说法，我需要一份用脑子的工作，这样我可以保护我的身体。哇！先是被击剑寄宿学校录取，现在甚至可以逃脱这份糟糕的拧螺丝的工作。我当时想，这个世界对我也太好了。

我的教练介绍给我一份在当地银行里的实习，我们签了一份学徒合约。说实话，我当时并不十分热爱这份工作，但是我很想通过这份工作来给予我运动生涯的雄心壮志一份经济支撑。我当时像疯了一样地工作。我第一次“出售”我的运动成就之外的东西：储蓄彩票。比如一份10马克，其中有8马克可以被直接储存到顾客的银行账户中，剩下的两马克被用来买彩票，如果人们运气十分好的话，就能赚到不少钱。听起来是不是很令人兴奋？说真的，我也确实喜欢它。它就像一个有着安全网的轮盘赌。人们已经存储了一个安全的金额。当他们中奖的时候，他们会很开心。即使他们没有中奖，他们也不会伤心。他们几乎没有失去任何东西，并且还存了一些钱。我在银行的工作让人们露出笑容——我也很开心。

我在那时就明白了，金钱也包含着一些温暖的和具体的东西：对人们的好处。对我个人而言，我用金钱换来了我人生中第一辆雷诺汽车。虽然两个月之后，这辆汽车坏在了雪地里，但是我明白了：人们通过自己的工作挣来的一辆汽车不仅仅是一辆汽车。它是对辛苦工作的奖励。汽车

意味着自由。

好吧，接下来发生了一些事情，这件事情经常发生在人们青少年时期的梦想上面：它破灭了。我渐渐明白，我最喜欢的击剑似乎不能够长此以往地成为我生活的全部内容。在那时除了足球和网球运动员，几乎没有其他的专业运动员。直到今天人们似乎也不能仅仅依靠击剑为生。我当时必须接受这一点。于是我靠着“火星视野”完成了心理上的过渡。我想象自己从很远的地方观察自己和自己的处境，我称它为“火星视野”。当从火星上观察一些问题时，它们就小了很多。

我很感激击剑曾经是我的梦想。我很感激自己享受了训练和比赛的每一分钟。我很感激由于击剑我能够在银行找到一份喜欢的工作。更确切点来说是这个道理：你没有必要从每一种投资中得到相同性质的回报。我虽然没有从击剑中获得职业的运动员生涯，但是我获得了自信、陶贝尔比绍夫海姆的冒险之旅以及人际关系，它们为我打开了一扇门，即便这扇门并不在“击剑这条轨道”上。

击剑寄宿学校的埃尔马·鲍尔曼也是奥林匹克比赛的获奖者，他后来把我从那家储蓄银行带到了一个大型的保险公司，也就是比卖储蓄彩票水平更高一些。我帮助一个国际公司去分析人们的需求：人们告诉我他们在经济上想达到什么目标，我给他们指出实现的方法。这是一个能够达到共赢的交易。

我做得很好，真的很好。我的问题在于，我太过傲慢了，我当时没有注意到在自己的心中生出了怎样丑陋的想法：我知道一切，我可以做到一切，我谁都不需要。我从公司辞职了，然后开始自己创业。在接下来的时间里，我忘记了自己一开始为什么喜欢做这份工作。最糟糕的是：这个原因似乎对当时的我来说一点都不重要。当时我挣了很多钱，我不时会想到我第一双阿迪达斯的鞋子，第一辆雷诺汽车，以及很多人们能够用金钱买到并带给人们喜悦的东西。“我能买到一切我需要的东西”，这个想法驱逐了我内心其他的一切。我能够挣到越来越多的钱，想要的也更多。

23岁的时候我开上了保时捷911。然后出了事故。即便在那些人们确实不应该继续驾车的场景中，我还是继续开着它。即便他们早已没收了我的驾照，我还是继续驾驶着它，一如往常。对当时的我来说，驾驶一辆保时捷似乎比遵守法律更为重要。

警察一再抓住我，这件事情对我来说

慢慢变得越来越无所谓。我清晰地看到了自己头脑中驾驶着这辆车的感受，我欣赏这种感受。它像一种狂喜，金钱于我变成了满足目的的冰冷工具，我用它来填补我空洞的内心。

我从一个梦想成为击剑手的小伙子，从一个卖给人们储蓄彩票并带给他们微笑的工作人员，变成了一个令人无法忍受的吹嘘者：只有一张不断开合的嘴，内心却空无一物。警察再一次抓住了我，我的律师告诉我："你要是继续这样下去，你会坐牢的。"我的脑子一下炸开了：我到底对自己的人生做了什么？我必须做出改变。于是我与自己当时的生活隔离开，逃到阿尔卑斯山，完全隐居。我再一次应用了我的"火星视野"：我在山上的一个小屋里待了两周，这两周内我从外部观察了自己的生活。观察带来的认知是苦涩的：我驾驶着我的保时捷911犯下了如此多的错误。那就回到开始吧，冷静下来去想，我能够做什么，我想要做什么，以及我想要实现什么。这个决定是沉重的，并且带着转变的阵痛，但是我做到了。我的错误也是我的一部分，我从中学习。现在我有了孩子，他们和你们处于相似的年龄。这是写给他们，也是写给你们的一本书。

以上就是我过去人生的匆匆一瞥。正如我开头说到的，我在生命中的优势仅仅是比你们多做了一些愚蠢的事情——或者换个积极一点的说法：我的优势在于我拥有很多经验教训，它们来自我之前的生活。

就像我真诚地向你讲述了我的生活，我也很真诚地告诉你：你可以比你的父母更加富有。即便你是白手起家，你也可以成为百万富翁。没有非法交易，不需要出卖自己的灵魂，也不会忘记自己是谁。你所需要的仅仅是知识、耐心和一个好的策略。

我知道你想要做到，但是怎样做呢？通往第一个一百万欧元的道路，你准备好了吗？

第一章

时间跨度：12个月

第一个100欧元

金钱从哪里来，

它曾经是什么，

今天又是什么，

为什么除了你自己之外没有人帮你挣钱——

和你的父母相比，你在投资上有哪些优势，

这个世界不公平且充满恶意，

然而它也松软、美丽并且充满机遇。

这个世界存在不公平且有恶意，然而它也松软、美丽并且充满机遇

说到经济状况，你的父母或许曾经很轻松，而你的未来面对的是困难模式，很简单，这就是现在的状况。你可能已经从气候变化中明白了些什么：现在的青少年不得不在未来为父母在过去所做的事情付出代价。

这是对未来的展望，可能它有些悲观。另外一个相对比较乐观的愿景：谈到挣钱，在今天你们比你们的父母在当时更容易赚到钱。

你未来的财务状况既是灰暗的，也是光明的。那么到底是什么样子的呢？两者都对。让我用几个例子向你说明一下，为什么两者都是正确的，以及这对你来说意味着什么。

金色钢笔和一个名为“退休金漏洞”的魔鬼

领工资的人都知道，人们并不能拿到全部的工资。你一定听说过“毛工资”（brutto）和“净工资”（netto）以及它们两者之间令人心痛的差别。你要上缴一定的税额，并支出一部分的保险费用，以防万一。比如当你失业的时候你可以领失业保险金，当你生病或者有看护需求的时候，你也有对应的医疗保险和护理保险。最后被转到你账户里的只有净工资。

有一些小技巧可以帮助你区分“毛工资”（brutto）和“净工资”（netto）。

- B在字母表里面比N要靠前。
- 能拿到净工资（netto）很“好”（nett）；但是要扣除毛工资（brutto）的一大部分就很“糟糕”（blöd）。
- 从人们的毛工资（brutto）里面扣除这么多钱是“残忍的”（brutal）。带着剩下不多（gar net so viel）的净工资（netto），人们只能去Netto-Supermarkt了。[1]

你的工资中还有一部分上缴了国家的退休保险。国家可以用这些钱来支付你父母或者你祖父母的退休金。当你退休的时候，你的退休金则由你的儿女或者孙辈们来支付。这个约定被称为代际合同。听起来似乎很公平不是吗？过去是这样的，只要这个约定还在发挥作用。支付一个人的退休金非常、非常昂贵。当时人们想出这个机制的时候，人们预计会有越来越多的人支付一个老人的退休金。60年前大概6个年轻人支付一个老人的退休金。这种计算方式起作用的前提是，人们想要生越来越多的孩子。然而现在情况是这样的：老人越来越多，年轻人越来越少。当我在陶贝尔比绍夫海姆击剑的时候，也就是20世纪90年代初，据统计大概2.7个年轻人支付一个老人的退休金。当你退休的时候，可能这个比例会达到1：1。

① Netto-Supermarkt为德国一种较为便宜的超市。——译者注

这是第一个原因，为什么你老了之后会面临困难模式。越来越少的年轻人要支付越来越多的老年人的退休金。于是不可避免地大家领到的退休金越来越少。第二个原因是：你的父母或者祖父母曾经完成的事业可能和你计划的人生完全不同。

他们中的很多人可能在中学毕业后就直接进入了一个老牌的德国公司做学徒，在西门子、卡尔施泰特或者德国电信。他们在那里开启自己的职业生涯，并一直干到退休。我几乎确信，你家里面一定有人有一只金色的钢笔，这是他在为某个企业效力30周年纪念日上得到的，并且他很骄傲将自己的职业生涯全部献给了卡尔施泰特。

这些人甚至还能得到一些别的东西：当人们很长时间在一家公司工作时，他甚至会得到额外的退休金，也就是所谓的“企业退休金”。人们在这家企业待的时间越久，最后得到的退休金也就越多。

也许现在你已经开始有了这样的想法：“噗，一辈子待在一个公司，这也太没意思了吧。”你并不是第一个有这种想法的人，大多数的青少年都是这样想的。他们想要更多样的职业规划。他们甚至可能想尝试不同的行业，或者在30岁的时候休假去亚洲或者美国游玩一圈。他们也可能想要有自己的孩子，并成为幸福的父亲母亲。你面前有着成千上万个选项，如果你想的话，你至少应该试上几个。但是愚蠢的一点是：你可能不会得到丰厚的“企业退休金”。

如果你想要知道毛骨悚然是什么感觉，你不需要去看一部恐怖电影。你只需要在谷歌搜索一下“退休金漏洞”（Rentenlücke），然后计算一下你从国家那里拿到的退休金和你成为一个过着无忧无虑生活的老头或者老太太所需要的退休金之间的差距。一个小提示：现在不要立刻去搜索。再读上一部分！一句小小的丧气话：没有人会从“退休金漏洞”这个魔鬼面前救下你。你必须自救。

另外，你的第一份工作的工资单看起来会像这样。

工资单

名字 / 姓氏		医疗保险	医疗保险义务
时间单位	月	医疗保险缴费率	14.60%
日期（年 / 月）	2022/10	附加费率	1.30%
缴税等级	1	护理保险补贴	是
每月补贴	0.00 欧元	养老保险缴费	是
教会税	否	失业保险缴费	是
儿童津贴	0	补贴状况	义务缴费（标准）
联邦州	巴伐利亚州		

薪酬总额	
毛工资	480.00 欧元
总计	480.00 欧元

员工支出

税 / 社会保险		
工资税 *	0.00 欧元	
团结附加税 *	0.00 欧元	
教会税 *	0.00 欧元	
税收扣除 *		0.00 欧元
医疗保险	−38.16 欧元	
护理保险	−9.00 欧元	
养老保险	−44.64 欧元	
失业保险	−5.76 欧元	
社会保障扣除		−97.56 欧元
净收入		**382.44 欧元**
工资净额 / 净工资扣除		
商会费	0.00 欧元	
工资净额 / 净工资扣除		0.00 欧元
结款		**382.44 欧元**

* 工资需达到一定金额才能扣税。

3 你的口袋里装着人类所有的知识

试想一下，如果我们和你所有的祖先，其中包括你的祖父和你来自20世纪的太太太姑婆，我们同时被关在同一个房间里。现在我们要破解这个世界上最难的测试，只有最聪明的人才能离开这个房间。如果我不得不打赌到底谁会赢得这个测试，我会把我所有的钱都压在你的身上，包括我的公司。你拥有一个可以让你稳赢的优势：你的智能手机。在你的口袋里装着通往全人类所有知识的入口，只需几秒钟你就能看到每个公司的资产负债表，每一只股票的趋势以及来自世界各地的公司的CEO。你可以在谷歌搜索，谁发明了电灯泡或者电动汽车，什么是股票，既持股份参与公司事务，以及什么是四倍杠杆的ETF基金，它可以将收益在累计的基础上进行再投资。（你不需要现在立刻去搜索这些东西，我之后会向你解释。）

你可以在你的智能手机上面设立一个股票账户，然后投资肯尼亚的金矿。你可以赌秘鲁的粮食价格走向，赌特斯拉或者谷歌一年后会破产。现在你可以很容易地成为一个领域的专家并专心做自己的事情，人类历史上再没有一个比现在更容易做到这些的时期。但是仅仅因为你知道了，并不意味着你必须去做。或许你面前有成百上千个选择，而你苦于做出一个选择。这是因为这个世界真的很复杂。更让人遗憾的是，这个世界上有着足够多的人，他们把这个本就复杂的世界变得更加复杂。

牛市和充满“牛粪”的市场

不容争辩的是，在油管上看一个关于股票的视频比看一本在1999年出版并且已经落满灰尘的教科书更加有趣。如果在油管上有一名博主向你错误地解释了为什么人们称股票价格一直上升的股市为“牛市”，而你也因此在考试中拿到了糟糕的成绩——这对你来说也完全无所谓。网络上充斥着谎言、被隐瞒了一部分事实的真相以及垃圾。你自己也知道这一点。除了政治和健康，在网络上还有另外一个话题，这个话题下面充斥着扯淡的观点（牛粪）：金钱。它也是我们在这本书中讨论的话题。

请允许我在此处听起来像你令人厌烦的老师，仅此一次。我保证，我在这本书中只做这一次：不要相信互联网上任何教你赚钱秘籍的人。你在网络媒体上面一定看到过那些开着胆绿色兰博基尼炫富的摆拍者，他们向你承诺，你可以在几个月之内就变得富有。你知道的：他们都是在扯淡。他们中的每一个人。不管他们是用差价合约交易（CFD-Trading）、多层次营销（Multi-Level-Marketing）还是一些什么其他的噱头来引诱你——只要有人跟你讲，“来我这里，我能让你飞速变得十分富有”，那么他一定是在撒谎。他说这些并不是真的为你好，而是骗取流量罢了。

在我过去和钱打交道的三十年内我学到了一个道理：没有一条通往富有的道路是既快速、可计划，同时也合法的。没有一条。

有一些通往富有的道路合法且相对而言比较迅速，但是并不可计划。比如苹果的创始人史蒂夫·乔布斯设计发明的苹果手机：一个充满可能性并让整个世界为之疯狂的产品。

也有一些道路是快速并且可计划的，但是并不合法。年轻的莱比锡小伙子马克西米利安-施密特（Maximilian Schmidt），别名Shiny Flakes，已经尝试了这条道路。他在自己的卧室里展开了全球毒品交易。

史蒂夫·乔布斯：梦想家

这位20世纪末、21世纪初最伟大的发明家曾经提及过，在他从大学退学之前，对他影响最深的事件可能是一次使用LSD致幻剂的经历。这位辍学者，也就是后来的苹果公司创始人史蒂夫·乔布斯将这种迷幻描述为“两三件在人生中所做过的最重要的事件”之一。据说这次经历也在很大程度上影响了他对产品的设计。在20世纪70年代的时候乔布斯成为果食主义者——在这期间他想出了自己第一家公司的名字：苹果（Apple）。1976年他在一个租下来的车库里创建了这家公司。这家公司推出的第二款计算机，Apple II，在1977年刚上市的时候就成为爆款。接下来还有：Macintosh（1984），皮克斯电影工作室（1986），iMac（1998），iPod（2001）。每一次刚开始的时候人们都会说：“谁会需要这些东西呢？”每一次又是同样的一群人以及数百万的其他人回答：“我！”他的每一个产品都不亚于一场革命：玩具总动员，第一部皮克斯电影以及全动画制作院线电影的榜样。Macintosh和iMac成为家用计算机的榜样，iPod成为不需要磁带的CD和移动音乐播放器的榜样。在2000年初的时候史蒂夫·乔布斯提出了一个梦想，代号为“紫色项目”（Project Purple）。一个没有按键的手机，取代按键的是一块触摸屏。我们现在知道了它的名字是iPhone。人们一开始又提出质疑：“谁会需要这玩意儿？”13年之后，苹果卖出了10亿台iPhone。而苹果公司也成为世界上市值最大的公司。史蒂夫·乔布斯不仅仅用自己的想法改变了世界，同时他自己很长时间内也是吉尼斯纪录中“世界上工资最低的老板”。说真的！他每年只给自己发一美元的工资。他更愿意拿到苹果公司的股份，股份会不断升值，而乔布斯也曾经成为世界上最富有的人之一。

金钱，未知的本质

关于如何赚到很多钱，现在你已经知道了一些例子。要么快速且可计划，但不合法。要么像史蒂夫·乔布斯一样，快速且合法，但不可计划。还有第三条路，这条路在我看来是最优解（因为它适合每一个人！），但是这条路更加困难。我们接下来需要用整本书来解释这条通往财富的道路，这条合法且可计划的道路，它不依赖于原始资本，并且也适合那些脑袋中没有可以改变世界的想法的人。

这条路唯一的不足就是：它需要时间。几个月，几年，几十年。想要走这条路，我们需要坚实的基础。你必须知道，你在做什么。你必须理解，你的投资流向了何处。你还要清楚，你为什么想要拥有这么多的钱。以及知道，你想要的到底是什么：到底什么是钱？

总的来说，金钱是很奇怪的东西。很难去解释它到底是什么，以及它是如何产生的。这主要是因为，金钱并不存在于大自然中。尽管你每天做的事情几乎都和金钱有点关系，金钱也并不是像重力、天气或者太阳在落下之后第二天又会升起这样本就存在的普遍事实。金钱唯独存在于人类的世界。老虎不会问羚羊，你需要多少钱才能让我在你的脖子上咬上一口。湖边的鸭子也不会给你5欧元，好让你继续扔给他们一些面包屑。人们把马鞍和马具安在一匹马身上，然后骑在它身上，这匹马不会因此拿到时薪。海洋中没有统治者收取我们捕捞鱼虾的费用。空气不属于任何人，因此当人们往空气中排放有毒烟雾的时候，我们也不需要支付给空气罚金。太阳光、风或潮汐，它们不向人类收取任何费用。人们不用在把欧元插进土壤里，好让大自然正常运行。

人们只在和人交易的时候才支付金钱。人类默认，金钱可以置换商品和服务。小的金额买到小的物品，大的金额置换大的物品。1欧元买到面包，10万欧元买到豪华轿车。

这是金钱的两种功能。第一，交易媒介。第二，人们用它给商品标价。金钱是记账单位。一辆梅赛德斯-AMG要比一个智能手机或者面包花上更多的钱，因为很多人都同意这样才公平。另外还有第三点，金钱可以储存价值。你可以存储金钱，你可以用它投资，你也可以在网上银行以纸币或者数字的形式储存他的价值。

当人们做交易的时候，金钱往往同时具备它的三个功能：交易媒介，记账单位，价值储藏。这些功能同时或者先后发生。

商业最简单的形式是，某人拥有某样东西，别的人没有但是却想要拥有。有这样几种可能：暴力，偷盗，敲诈。强者法则。人们有时会这么做，但是代价巨大。那些欺骗、偷窃以及使用暴力的人，不会取得别人的信任。更糟糕的是：他们会被告上法庭，然后被关进监狱。人们更喜欢和另外一些人做交易，他们和对方握手表示欢迎，微笑，在对方转身离开的时候也不会在背后“捅刀子”。

然而人们应该如何做，才能让彼此在交易之后都感到满意呢？这里有一种可能性：想要某样东西的一方去询问拥有这样东西的另一方：“我这里有没有你想要的东西？如果我想从你那里得到它，我需要给你什么？”当一方定期想要这样东西时，事情就变得有趣了起来。

⑥ 没有金钱，所有东西属于所有人，或者没有东西属于任何人。

先声明一下：现在要提到金钱的历史。从这里开始我们快速地回顾一下人类100000年的历史。当居无定所的诺曼人定居下来并开始种植自己的粮食时，金钱也开始进入人类的生活。当他们开始圈养家畜并学着从这些动物身上获得奶、肉和皮毛时，当金字塔被建造时，当自行车和iPhone被发明时，金钱也参与了其中。金钱导致了饥饿，也终结了饥饿。它可能引发了战争，也可能使和平成为现实。金钱的形式在变化：从最开始的贝壳到硬币和纸币再到数字加密货币。接下来的几页我们要讲的正是这一段令人兴奋的历史。好吧，至少对我来说是有趣的。我是一个不折不扣的历史迷。但是你不一定喜欢历史。我已经尝试尽可能将一些内容都删去，那些让学校的历史课乏味的内容：年份、一连串的统治者家族以及其他。我将这十万年的人类历史，同时也是金钱的变化历史制成一碗黏稠并且美味的博洛尼亚肉酱，如果你能尝一下的话，我会非常开心。接下来的几页会详细地描述金钱的历史，因为我相信，只有人们仔细了解制作酱汁的原材料，他们才能更好地珍惜这碗肉酱。如果你坚定并且诚实地说，“我一点也不喜欢博洛尼亚肉酱面，另外，再没有什么比历史更让我提不起兴趣的事物了”，——好的！那我们直接翻到第13小节（未来不是明天，未来是现在）。金钱的现状，以及通往财富道路的开始。所有别的人可以留在这里。

现在我们把时间往回拨，一直往后退，直到我们抵达诺曼人生活的时代。他们到处游荡，暂时居住在洞穴、树上或者尚不能称之为房子的空间里面。这时还没有个人财产这一概念，一只矛属于所有人。任何一个人捞上来的一条鱼也归属于所有人。只要是人们所有的，都被尽可能公平地分配。当然可能有人会给另外一个人按摩或者给他下巴上来上一拳，以此来获得更多的蓝莓或者一块额外的猛犸象肉片。但是我不认为洞穴时代的人会互赠礼物，不管是自愿或者非自愿。因为他们拥有的东西太少了。还要过上十万年商场才会出现。如果他们自己不去采集果子或者狩猎，他们既不能去杂货店也不能去夜间加油站买上一些东西。只有当这些诺曼人有足够多的食物时，他们才能够存活下来。

总的来说，他们的生活并不轻松。到处游荡是一件让人十分疲劳的事情，洞穴在冬天会十分的冷。每天要去猎杀猛犸象或者野猪——这让人们感到厌烦，并且人们有可能会在狩猎的过程中死去。于是他们开始定居，建造自己的房屋和农舍。有人抓来几只野牛并从它们身上挤奶。另外一些人种植粮食，把粮食磨成面粉，然后制成面包。最初的职业就这样诞生了：农民、面包师以及工匠。这样的分工带来了新的问题：如果我一个面包都没有，我要一百升牛奶有什么用？那些制作锤子和锯子的专家怎么填饱肚子呢？总不能吃这些工具吧。和诺曼人不同的是，这些居住在房屋和农舍里的人已经拥有了很多食物和工具，但是它们并没有很好地被分配。于是他们开始交换物品和服务：20支箭能换一个面包。一条温暖的毯子换一头山羊。一头牛可以换来医师的服务，也就是给腿上的伤口止血。

但是如果这名医师家里面已经有了3升牛奶，受伤的奶农还能给他什么呢？医师不需要更多的牛奶，他根本喝不完。他需要制作软膏和药水的草药。医师当然可以用牛奶去药材商那里换草药，但是如果药材商不接受呢？他根本不喜欢喝牛奶。如果药材商家的屋顶漏雨了，但是木匠根本不相信药材商的鼠尾草茶，他更相信自己的免疫系统，这时又该怎么办？在这个时候人们注意到，以物易物是多么困难的一件事。难道不能更简单一些吗？人们又发明了一样东西，它让交换变得复杂，同时也变得更简单。这样东西就是：钱。

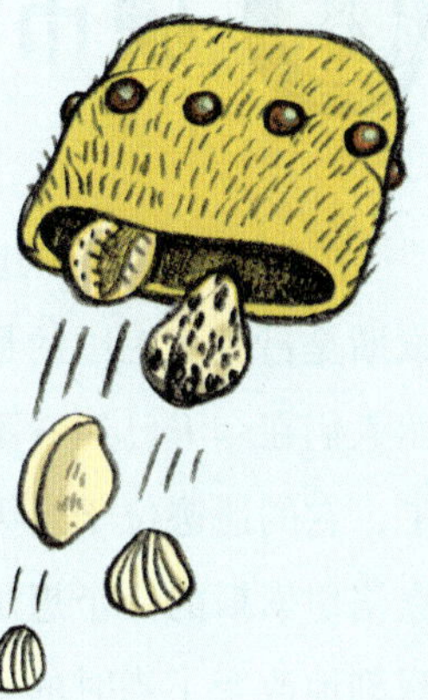

7

贝壳、珍珠和可可豆怎么变成钱

人们带着一定数额的钱就能买上一头牛，或者请来木匠修理屋顶。人们不再进行物物交换，而是通过钱进行交易。这对所有人来说都有好处：更简单，更迅速。简单点来说，人们只要去购物就能直截了当地满足自己的需求。

一开始的时候人们把能够想到的物件当作金钱：海贝是在古中国和非洲最早使用的货币之一。此外，珍珠、可可豆以及动物的牙齿或者骨头也被用作金钱。在这个过程中有两件比较重要的事情。

第一，这些被拿来用作金钱的物品本身不能有很高的价值。当时的海贝可能和现在的一百欧纸币没有差别。它虽然价值是100欧，但是可能在制作过程中纸张和墨汁的实际成本才8欧分。人们接受这样的观念，一个本身并无价值的东西可以被赋予很高的价值。

第二，金钱必须是不会坏掉的东西。它不能发霉或者枯萎。它不能有毒或者危害到人类的健康，而应该是便携并容易得到的东西。这也是鲜花、老虎或者几吨重的石块没有成为货币的原因。从一开始就是：海贝。几百年来都保持着这种良好的局面。一直到人们再一次感到厌烦，他们提出疑问：难道不能再简单一些吗？此外，我每天花18个小时帮统治者建造寺庙，这样我才拿到50个海贝。那些渔夫只需要从海里面把它们打捞出来，然后中午美美地躺在吊床上晒太阳。这样是不是太不公平了？

8 硬币的出现

在公元前6世纪的撒丁岛上，克洛伊索斯是吕底亚王国的最后一位国王。虽然人们在今天已经看不到撒丁岛的首都了，它的遗迹位于今天的土耳其。但是克洛伊索斯的一个想法保留了下来，它深刻地改变了当时的世界。他想要让金钱变得更加简单和公平。为此他发明了一个新的支付工具：硬币。由金属铸造而成。就像古中国的海贝，硬币也比它本身的价值要更值钱。只是这一次只有克洛伊索斯才能下令铸造硬币，然后让他的手下将硬币分发给人们，并监督人们用硬币进行支付。在当时，国王成为监督货币的人，金钱成为国家的主要任务。然而这个革命性的想法并没有给吕底亚王国带来更多。吕底亚败于对阵波斯的战争，并由此灭亡。唯一流传至今的是这个开创性的想法：国家应当掌管金钱的制造、分发和监管。克洛伊索斯的名字也流传至今。每当我的同龄人对另外的同龄人感到气愤，因为他们很富有却缺乏教养，人们就会说："请不要表现得像克洛伊索斯一样。"（Benimm dich nicht wie Krösus.）克洛伊索斯的发明让他的一生都极其富有。这一点都不奇怪，毕竟他想出了一个关于金钱的主意，并且能够决定它的价值。

这一时期，世界上所有的富人都接受了这个想法。罗马帝国、古希腊以及奥斯曼帝国。这些帝国存在的时间都比吕底亚帝国更长。他们明白：拥有金钱的人就拥有权力。铸造金钱的人能决定金钱的价值。当时国家还规定了粮食和葡萄的价格。帝王、国王和苏丹通过抬高或者降低物价来控制整个社会。

克里斯托弗·哥伦布发现美洲新大陆，约翰·古腾堡在美因茨发明印刷术。霍乱使得欧洲三分之一的人口消失。中世纪结束。世界不断变化，硬币被保留了下来。它的种类越来越多，尤其是今天德国在的地方。当时不存在一个权力中心，而是几十个小的国家和邦国。每一个公爵和公主，所有自以为是的人，都发明了自己的货币：塔勒、杜卡、先令、红赫勒（Heller）、白赫勒、黑赫勒等。公主和公爵一出生就是贵族。所以他们坚信，自己的货币一定比别人的更好。在他们的领土内，人们必须用他们的货币支付。商贩和旅行者因此不得不频繁地兑换货币，同时他们也经常在兑换的地方被坑骗。

9 货币的统一，从硬币到纸币

这些国家1871年被统一成德意志帝国，关于由谁来制定规则，其中当然包括金钱的规则，他们必须统一意见。这些小国总共有119种用来支付的不同硬币，但是哪一种会被继续沿用呢？他们为此争执了五年之久。最后他们一致决定，不继续使用任何一种硬币，他们发明了一种新的货币——马克，之后演变成帝国马克、德国马克以及最后变成我们所熟知的欧元。

所有的货币都有一个共通点，小的硬币被赋予较低的价值，更高的价值用大的纸币来承载。新德意志帝国里的那些有钱人很快就认识到了纸币的巨大优势，它们十分容易被携带。之前人们要带着装满硬币的钱袋，一个钱袋就几千克重，现在他们只需要带着一个装满纸币的轻便信封。穷人也喜欢新的纸币，尤其是在纸币被引进之后，他们也可以使用。一开始的时候最小的纸币金额是100马克——很明显比一个工人一个月的工资还要多。随着面额为20和50的纸币被引进，它也慢慢被广大民众所接受。社会主义民主派的杂志《前进》（Vorwärts）对此保持质疑的态度并在1912年发表了一篇文章，名为《用纸代替薪水？》。

德意志帝国经济增长十分迅速。其中一个重要的原因便是货币的统一。它让商品及服务的交换变得简单。另外一个原因是：德意志帝国银行被设立，成为整个帝国的中央银行。银行在当时贷款给企业家，以此他们能够更容易地扩建自己的公司。

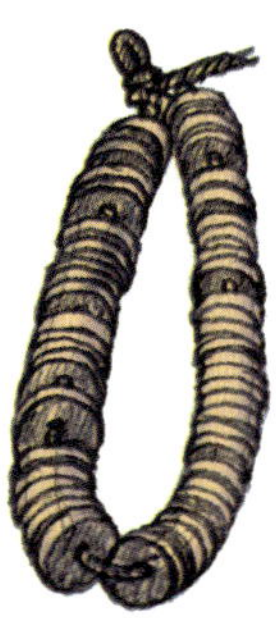

铜钱串

先令

杜卡特

东德硬币

为什么战争很昂贵？谁来承担战争的费用？

1914年夏末，第一次世界大战爆发。欧洲分裂成了两个阵营。其中一个阵营：德意志帝国，奥匈帝国和意大利。另外一个阵营，也就是所谓的协约国：法国、俄罗斯和英国。

人们一直在争论，谁应该为这次战争的爆发负责？以及负什么样的责任？历史学家已经争论了100年，并且不出意外的话还会再争论上100年。如果你同意的话，我们在这本书中只将目光聚焦在这次战争所带来的经济影响。

不管谁发起的战争，除了数不清的人命外，它还会造成数不清的经济损失。人们要制造坦克、枪支、战舰以及数以百万计的弹药。为士兵提供食物的野战厨房、头盔，靴子和汽油罐。一个国家要如何才能支付这一切？有一种可能性：税收。国家将战争的支出转移到民众身上，比如大幅提高税收。问题在于：德国人并不一定像他的政府一样拥护战争。当政府为了募集战争的费用而抬升鸡蛋、面粉、糖以及啤酒的价格时，他们会站出来反抗，他们反对战争。那么如果国家不去抬升物价，也不提高税收，它应该怎样做才能筹到战争所需的钱？答案是：战争贷款。背后的逻辑是这样的：国家从自己那里借钱。它主要从国有银行进行贷款。简单来说就是，它造一些新的钱。有点像是魔法：无中生有。再具体一些：我们需要一百万帝国马克来造一百辆坦克，很简单，帝国银行会给我们这笔钱。而我们作为国家的政府只需要保证，我们在战争之后会归还给银行这笔钱。相信你的耳朵，这是真的！

政府的计划往往是这样的：短期内我们向自己的国家银行借了一笔钱。我们会赢得这场战争。然后我们会逼战败国支付给我们一笔赔款，而我们用这笔赔款还清之前的贷款，因为我们贷款的原因恰恰是为了打赢这场战争。于是德国有越来越多的钱，这在后来酿成了大祸。

11

人们用几千亿马克买一个鸡蛋

德国战败了。没有人能帮政府还清贷款。德意志帝国破产了。那些新印刷出来的钱没有商品上的等价物。更糟糕的是：人们拿这些钱来制造战争需要的武器，它们中的大部分都已经被摧毁，况且在和平时期没有人需要它们。人们拿这些武器怎么办呢？废弃的坦克改造成花坛？军用潜水艇改造成邮轮？此外还有：为了重建德意志帝国，帝国银行一直贷款给企业家。它不停地造钱，造更多的钱。在现实中这些钱已经没有了等价物。这意味着：新造出来的每一马克都会让钱更不值钱。

我们打个比方，德国的整个经济——每一个车间，每一台机器，每一个工具以及所有的面包、香肠和电灯泡，这些在战争之前总共值一万亿马克。1000个十亿马克。一百万个一百万马克。这个数字只是我虚构出来的，但是这个数字可以让我们更加深刻地认识到，为什么当贷款缺少了等价物之后会酿成大祸。一万亿马克：一个1，后面跟着十二个0。整个德国的经济在战前值这么多钱。

人们通过贷款造越来越多的钱，但是并不及时地用这些钱建造工厂或者生产香肠，这样就会发生一些很糟糕的事情：东西贬值。这种变化快速且强烈。在战争之前德国的经济——所有的拖拉机、香肠、食品商店以及其他，在我们所举的例子中它们值1000000000000马克。在战后它们的价值：1马克。（这一点都不夸张。严肃的历史学家甚至说，战后的一马克仅仅相当于其战前价值的一万亿分之一。）

而对于那些反对战争的人来说，这意味着：他们所需要的生活必需品会疯狂地涨价，昂贵到没有人性。在1923年11月，一千克土豆价值800亿马克，一升牛奶2800亿马克。一个鸡蛋3200亿马克。人们用装满纸币的手推车和麻袋来支付。到处弥漫着饥饿、抢夺和暴乱。人们直接抢夺他们需要的东西。

价格上涨是一件正常的事情。人们称之为通货膨胀。但是当价格像上面提到的这种情况一样疯狂上涨时，人们就称之为恶性通货膨胀，这是一件坏事。因为在这种情况下马克不能执行它作为货币应有的三种功能中的任意一种。关于货币的三种功能，我们在上文中已经有所提及。它不再是人们所信任的支付工具。另外，用它来记账，或者把它安全地放在银行里已经是不可能的事情。人们以及整个社会生活和货币一起被终结了。

当时的人们眼看着就要推翻政府，政治秩序已经荡然无存。在这种退无可退的境地中，新的政府发明了新的货币。他们的目的是稳固自己的权力，并让人们重新过上正常的生活。人们能够以1000000000000:1的比例用旧的马克来兑换新的租金马克（Rentenmark）。一万亿旧马克兑换一新马克。新的政府不再允许自己无休止地向自己的帝国银行借债。经济逐渐恢复稳定，人们的生活也随之变得正常。这种状况维持了几年，直到下一次危机爆发。

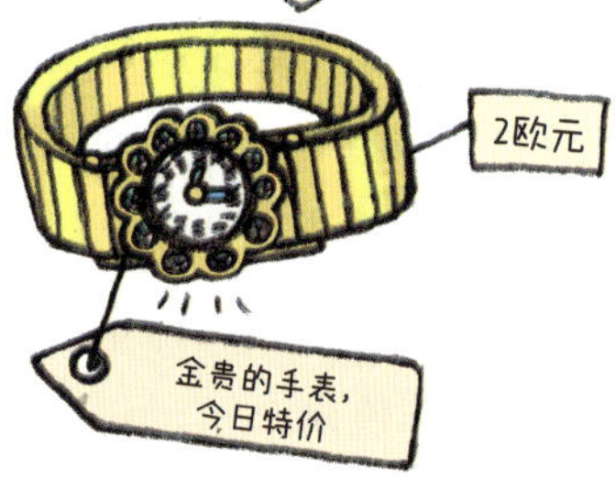

金钱在几百年前就早已经不是一个国家能够控制的事物。德意志帝国也早就和世界经济绑定在了一起。因此，1929年10月25日在德国西边6000公里外发生的事情也重重地波及了德国城市的人们。所谓的华尔街黑色星期五，纽约证券市场。在一天之内股价急剧下跌。美国的经济在这个时候已经严重依赖股价，因为美国的很多企业家在这之前就已经将公司股份换算成了金钱。他们几乎失去了所有。他们将所剩无几的钱也都留在了国内。尽管如此，数以百万的美国人失业了。接下来发生的就是历史书上提到的“经济大萧条”，一次严重的、持续数年的经济危机。

当德意志帝国和在德国的企业再也不能无休止地向帝国银行借钱时，他们将目光转向了美国。“黑色星期五”之后美国人开始清算外债。这意味着：他们要把之前借给德国人的钱要回去。并且是立刻。于是在第一次世界大战结束之后发生的事情再一次发生了：德意志帝国陷入了经济危机。一个真正糟糕的危机——这其中有一个人也真正地获益：阿道夫·希特勒。他的政党，国家社会主义民主党（NSDAP），从这次经济危机中受益最多。他们喊出这样的口号：“看看吧，当美国人向你们要钱的时候，都发生了些什么！德国的工人受到了极大的不公！选择我们！一切都会好起来！我们帮德国重建经济！”

人们不得不承认：除了种族歧视，对同性恋群体的歧视以及其他，国家社会主义民主党也因此而大获成功，他们许诺给民众一个金光闪闪的未来。

你已经知道了这条道路会通往哪里。通往第二次世界大战（这一次很明显是德意志帝国的责任）。通往对数百万犹太人的屠杀。通往德意志帝国袭击之处的苦难，包括波兰、法国、巴尔干地区、苏联以及其他的国家。

就像在第一次世界大战中一样，纳粹也通过战争贷款来支撑第二次世界大战。他们再一次允许自己无休止地从自己的帝国银行中借钱。

同盟国——美国、英国和苏联战胜了纳粹。战争彻底摧毁了德意志帝国，它再一次破产。这一次德意志无法凭一己之力重新修复自己招致的损失和破坏。它只能依靠外来的帮助，依靠战胜国的帮助：美国和苏联。

由此产生了两个德国。西边的德意志联邦共和国和东边的德意志民主共和国。30年后我在东德出生。两个德国中间有一条界线，彼此被分割开来。西边的同盟国支持德国马克（DM）的重建。苏联在东德则引入了东德马克。

西边的经济制度是资本主义，这种制度相信，只有人们拥有个人财产，并且尽可能给人们自由交易的空间，经济才能发展起来。国家只有在紧急状态下才会干预经济。这种制度一直到今天都是德国经济制度的核心。

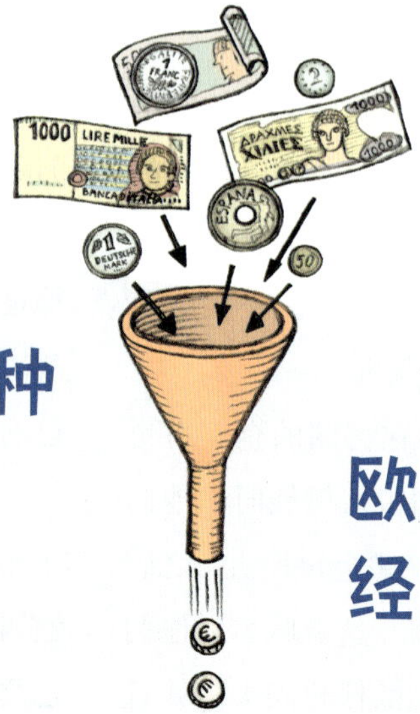

12 使用同一种货币的欧洲统一经济体

1989年秋天，东德人民开始反抗政府。他们想要自由。他们想要两德重新统一。当时东德政府媒体报道：我们破产了。我们不期望能从苏联那里得到帮助。我们必须向西方求助。然后这一切真的发生了。1990年8月31日，德意志联邦共和国和德意志民主共和国的代表签署了合约，两德由此统一。但是当时他们没有讨论，哪一种货币更好。东德也引入了德国马克。货币统一也成为两德统一的标志。

两年后，12个欧洲国家签订《马斯特里赫特条约》，条约规定重新发明一种新的货币，而这种货币适用于整个欧洲。从一个想法到真正签订合约，这个过程耗费了10年。也正是在这之后，欧元才真正出现在奥地利人、比利时人、芬兰人、法国人、德国人、希腊人、爱尔兰人、意大利人、卢森堡人、荷兰人、葡萄牙人以及西班牙人的钱包里。迄今为止还有另外7个国家也签订了合约：爱沙尼亚、拉脱维亚、立陶宛、马耳他、斯洛伐克、斯洛维尼亚和塞浦路斯。

另外，欢迎回到现代！在这个时代，人们使用着你熟悉的金钱。在这里，你可以在一个德国村庄里的面包店、在巴黎的一个酒吧、在布拉迪斯拉发的Zara或者在赫尔辛基的星巴克咖啡馆使用同一种货币，一切对你来说都是理所当然。

13 未来不是明天，未来是现在

中世纪的硬币和今天的欧元有一个共同点：他们都由国家（或者几个国家的联盟）制造。国家是唯一可以铸造和印刷金钱的机关。根据德国刑法第146条和第147条，如果你私自制造金钱并用它支付，你会被关进监狱。即便是将假钱带入市场进行流通，你的行为就已经触犯了法律。很多的打印机和印刷机甚至不能印刷纸币，如果你想试试的话——不要担心，它不会直接通知警察。即便如此，我还是建议你不要这样做。

国家使用一些技术和法律禁止所有人制造自己的金钱。上百年来人们一直遵守这个规定。一直到2008年10月份，一个叫中本聪（Satoshi Nakamoto）的人通过加密邮件列表发出了一份并不引人注意的9页文件："比特币：一个点对点的电子货币系统。"

"中本聪"——一个幻影

男作者？或者是一位女作者？又或者是一群人？直到今天也无人知晓藏在化名"中本聪"后面的是谁。不管是谁，这个想法已经广为人知。它提出一种不受国家干预的货币，这种货币由所有使用者来控制，它不受人类的贪婪或者恐惧所影响。这样一种货币确实比大部分货币都更有优势。一些人甚至觉得，有朝一日这世界上所有的货币——欧元、美元、日元以及其他货币——都会被废除，取而代之的是比特币。可能会这样，但是比特币也有可能会在未来消失。可能所有的加密货币都会消失。人们可以确定的是：比特币无疑是目前人们对金钱做的一场最有趣的实验。至于它是否值得人们投资，我会在后面提到。

14 为什么一块金箔牛排比一个苹果贵

钱是什么？钱是从哪里来的？以及它经历了什么样的变化，这些我们已经解释清楚了。如果你因为觉得历史无聊而跳过了前面的几页：你只是错过了金钱的十几种形式、两次世界大战、德国统一、欧洲一体化以及比特币的发明——你确定你不回去看两眼？开个玩笑。下一个问题和你的日常更相关：我们如何决定什么物品拥有什么样的价值？价格是怎样产生的？为什么一个苹果只需要1欧元，而一块金箔牛排要1000欧元？

一块金箔牛排和一个苹果，两个都是食物。苹果长在树上，人们在种植园里种下并照料苹果树。工人将苹果从树上摘下来、装到箱子里并贴上运输贴纸。在商场里工作人员把它们拿出来摆放到货架上，你在商场买下它并在收银台付钱。牛排也是这样。人们要养牛，照顾它们，然后杀掉分成块。一个厨师将牛排放置在800度高温的烤架上，然后用没有味道的金箔包裹住它（不管出于什么原因），服务员再将它端到你的桌子上。

那么为什么一块金箔牛排的价格是苹果的一千倍呢？很简单：因为，一些人愿意花更多的钱去享用牛排。另外，大规模在种植园种植苹果比养牛要更便宜，养牛需要更多的空间、更多的饲料和照顾。更别说外面包裹的一层金子了。

什么价格是正常的？产品最理想的价格产生于供给与需求的交汇点。

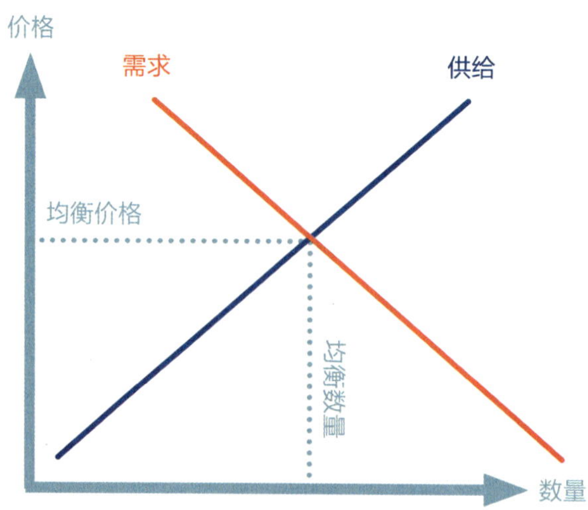

价格—数量关系图

这其中令人兴奋的点在于：人们自己来决定这两者的价格，所以你可以自己感受，价格是否过高或者过低。另外，你也可以通过评估某物的价格参与决策。你愿意付多少钱？当你觉得一台iPhone太贵的时候，你必须要说服另外几百万人，向他们证明这台iPhone确实太贵了。如果他们同意你的观点，iPhone的价格就会降下来。

价格其实是一个非常民主的东西。商品或者服务的提供者以及购买者同时决定它的价格。

世界上最昂贵的手表由伦敦的珠宝品牌格拉夫钻石（Graff）制造："幻觉"（Hallucination）。它由彩色的宝石镶嵌而成，人们甚至无法辨认出由粉色宝石镶嵌而成的表盘。那些为了看时间（或者为了出格地炫耀）而想要将"幻觉"戴在手腕上的人，必须为此支付5000万欧元。5000万欧元！一只手表！

但是只要有人愿意为某件商品支付这么多钱，从理论上来说，你可以给它标上任意一个价格。这个原则被人们称为：供需原则。当供给变多，而需求不变或者减少时，价格就会下跌。当供给减少，需求不变或者变大时，价格就会上涨。只有我们理解了这两种现象如何共同作用或者互相影响，我们才能理解，价格如何产生。

我们现在已经了解：每个人都被允许给他的所有物标上一个他认为合适的价格。一个手表制造商可以说："我的手表值5000万欧元，你们可以买也可以不买。"一个种植苹果的农民也有权利给他的苹果标上每个1000欧元的价格。餐馆也可以直接赠送掉自己包着金箔的神户牛排——可能是世界上最好的牛排。当我在街上问别人现在几点了时，他也可以先让我支付50欧元，然后再告诉我。你要是想的话，你也可以把你脚上穿的袜子挂到网上，然后标价100万欧元。没有人能阻止你这么做。问题在于：真的会有人想要支付5000万欧元去买一只手表，或者支付1000欧元去买一个苹果吗？人们是愿意花100万欧元在你的旧袜子上，还是更愿意用这钱去买金箔牛排？

老实点讲：答案并非像你想的那么明确。没有人一定会花5000万欧元去买一只手表，也不一定没人愿意花100万欧元去买你的旧袜子。根据供给和需求的基本原则，只要有人说：“哇！这世界上再没有比这双旧袜子更让我心动的物品了！”他或者她可以把这双袜子裱在框中，然后将其变成艺术品。有可能它在几百年后升值到了几百万欧元呢？

恰好有人恰好想要这双袜子的机会微乎其微，更别说把它变成艺术品了。不好意思！这里还缺少了一个重要的因素：时间。可能在过去会有人被你这双袜子和非常诱人的标价所吸引，也有可能在未来的10万年里会有这么一个人出现。

15 永恒的买和卖

除了导出价格的供给和需求，在交易中还有另外一个基础。也就是下一步：买和卖。无论你是在5000年前把猪赶到市场上去卖，还是今天把你的二手游戏机放到跳蚤市场去卖，都一样。有可能你会在市场冻坏手指，也有可能被太阳晒伤，因为那一天正好是一年中最炎热的一天。

你有想卖出去的东西。市场上有想买东西的人。你们在跳蚤市场相遇，最好的情况下你们完成一桩交易：买和卖。原则上你在跳蚤市场上卖出二手游戏机的交易过程和在摩天大楼的最高层完成的对一个市值几十亿美元的公司的收购没有大的差别。一方买，另一方卖。就是这样简单。

1585年

在美因河畔的法兰克福，商人们在这一年聚集在一起，确定一致的兑换率。这一事件标志着法兰克福证券交易所的诞生，它至今仍被看作德国的金融中心。

1637年

在荷兰的黄金时代，许多富有的人疯狂炒作郁金香，在交易市场上这种花卉被炒到惊人的价格。直到泡沫破灭，世界历史上出现了第一次股市崩盘。

1792年

纽约交易所在华尔街诞生。第一批股票在纽交所被交易。

1848年

世界上最古老的期货交易所——芝加哥期货交易所在芝加哥诞生。美国的商人担心原材料会缺少买家和卖家，因此他们想出了期货合约，尤其是针对像粮食和猪肉等农产品。

1993年

许多欧洲国家在奥斯陆（挪威）新成立的北欧电力现货交易所Nord Pool AS进行电力、天然气和石油的交易。

16

从跳蚤市场到实时交易市场

纽约华尔街是股票（公司份额）的交易所。交易所几乎和你卖掉自己游戏机的跳蚤市场差不多。优点在于：和跳蚤市场不同的是，你不必把自己的游戏机带到华尔街。你在家里写一张纸条，然后签上拥有法律效力的签名：“在此我确认，我拥有一个游戏机。”你把这张资产证明带到华尔街，然后深深吸上一口气，尽你最大的力气喊出来：“有没有人想买我的游戏机？”你希望交易员能够提供给你一个报价。有可能此时一位紧张兮兮、在吃速食面的证券交易所经纪人抬起头望向你。有可能这一刻他想到自己因为工作忘记了给女儿买生日礼物。又一次！他现在快速地想要搞到什么东西作为礼物。你的游戏机？完美！于是他来找你。你们协商了一个双方都同意的价格。因为你的商品还不错，

并且这个经纪人急切地想要买到一个礼物，你可以狠狠地宰他一把。（这也是为什么在机场所有东西都这么贵。人们的需求很多，但是只有很少的供给。）在你和这个股票经纪人一起商定了一个匪夷所思的高价之后，你把游戏机的资产证明给了他。两小时之后，一个快递员从你家取走了游戏机。你真的挣到了钱（祝贺！），股票经纪人也有了能够送给女儿的礼物。同时，交易所从中抽取很小的份额，因为你们在那里展开交易。所有人都很开心。

这件事情之所以能够成功，是因为所有的参与者都守信用：你，股票经纪人和交易所。所有人都遵守交易所经营者提出的规则，这些规则常常由国家监督。位于美因河畔法兰克福的证券交易所由黑森的联邦州经济部作为监督机关或者仲裁人进行监督。国家、交易所经营者和其他所有在交易所交易的人，他们都遵守一个极复杂的、多达几千页的规则手册，它论述了唯一的目标：没有人骗另外的人。

世界上第一个交易所位于何处？我也无法给你一个明确的答案，并不是因为这是什么传说中的秘密。只是没有人确切地知道罢了。有人说，世界上第一个交易所在比利时的布鲁日，另外一些人说在阿姆斯特丹。但是明确的一点是，不管最古老的交易所在哪里诞生，它都可以追溯到安特卫普的商人家族“Van der Beurse”。600年前商人们就已经在他们家中、在带有三个钱袋的家族徽章下定期举行聚餐。同时他们也进行交易。在Beurse家族中所作的交易都很不错，不久后在比利时、荷兰以及最后在整个欧洲人们都会说：“做Beurse家族的生意。”欧洲到处都设立了交易所，一切你能够想到的东西都有可能被交易。

在Tagesschau[①]上面你可能曾经看到过美因河畔法兰克福的交易所。在电影《华尔街之狼》中你可能认识了华尔街的Parkett——许多穿着名贵西装的人们在这里彼此呼喊着“买，卖，买！”。到处都是电脑和电话，有更多的人朝这些机器喊着“买，卖，买！”。以前交易所确实是这样的，人们都在现场，也就是所谓的Parkett进行交易。渐渐地，Parkett变成了历史，在华尔街只有极少的生意会采用这种方式，在美因河畔的法兰克福，人们在2011年进行了最后一次公开喊话交易。

很久以来一大部分的交易已经被电脑所取代。数字化彻底改变了股票（公司份额）的交易。以前人们会持有一只股票数年之久，逐渐地在不到一秒内买入和卖出股票成为可能。这有什么好处？好问题。我也没法告诉你，因为我自己也不理解这个东西。人们仅仅在几分之一秒内持有这只股票，一旦股价上涨了0.0000000001%，它就会被电脑自动卖出。这种所谓的实时交易虽然是合法且严肃的，但是至于它能产生什么附加价值（除了几美元），仍然不清楚。长期来看没有人从中受益。

不管是古罗马的一个市场，现代的一个跳蚤市场或者纽约华尔街的实时交易所——买卖的原则总是相同的：一个人占有某样东西，另外一个人想要它。这是在几千年来没有变化的一点。但是，人们如今在家里办公就能开展跨国交易，这在互联网出现之前可行不通。

① 德国的一档新闻节目，类似于中国的《新闻联播》。——译者注

17 火星视野

大多数的个体投资者往往只能看到局部。他们的目光很少落到以自己为圆心，以500或者1000公里为半径的圆之外的区域——在这个范围内初学者也能表现得像专家一样。典型的德国人在想到股票的时候，会立刻想到DAX——德国股票指数。

我首先要告诉你的是：当人们把在DAX指数中的40家公司全部算在一起时，就能描绘出德国的经济状况。这个指数有点像德国足球甲级联赛（简称：德甲）的表格。其中包括了所有参与“股票甲级联赛”的公司，并展示了哪家公司是最有价值的公司。这张表格显示了每家公司每天的分数状态，但是和德甲不同的一点是，人们也会将所有公司的分数计算在一起，以此来展示整个联赛的强弱。当人们看到总分的时候，人们就能对德国的经济状态有一个大致的了解。但是，我要告诉你的是，所有的这些公司加起来都不如苹果一家公司有价值。DAX只展现了世界经济极小极小的一部分。奇怪的是人们在德国却只提DAX。况且谈论到金融，德国并不是世界的中心。它更多的是被卷入了在全世界流动的金钱流中。

如果你从一开始就撇开这种德国视角，相比于其他人你就拥有了一个很大的优势，不管其他人是业余爱好者还是专家。若你开始站在更广的维度上思考问题，试想一下，你站在火星上望向地球。德国有多大？我猜你都无法辨认出德国在哪里。如果你拥有在全世界各地投资的机会，你为什么还要死盯着这块叫做德国的极小极小的肥肉，你只不过很偶然地出生在了这片土地上，仅此而已。另外，火星视野还有一个优势：在火星上问题会变小。但是更重要的是，当人们在火星上望向整个地球时，人们能够看到自己所拥有的可能性。

火星视野并不是我的独创，我也是从别处看到的。从一个活在几个世纪之前的人那里：整个地球是一个市场，我可以在其中进行投资并变得富有。他拥有火星视野。他也是单纯出于偶然才出生在巴伐利亚州的奥格斯堡，一个田园诗般的地方。

雅各布·富格尔
——创立第一家全球康采恩集团的人

雅各布·富格尔，1459年3月6日出生，共11个兄弟姐妹，家中排行第十。他仅仅在几年内就把一个小的家族企业扩建成了历史上第一个全球康采恩集团。他是如何做到的？因为他从一开始就没有局限自己的视野。他没有仅仅在小小的巴伐利亚州做自己的生意，他想："为什么不和全世界的人做交易呢？"一开始他把目光看向了意大利的棉花，后来他又开始做金矿和银矿的生意，汞和朱砂的生意，以及最重要的铜矿的开采（金属加工中最重要的原材料）。富格尔在蒂罗尔、匈牙利以及斯洛文尼亚开辟并买下无数的矿场。仅仅在几年内雅各布就成为垄断者，这意味着：如果来自德国、欧洲或者世界任何一个地方的人想要金属和矿产资源，他都必须从雅各布那里购买。

除了金属之外，富格尔还涉足了丁香、胡椒和肉桂等外来香料的交易，他从意大利进口这些香料。香料的交易使得富格尔挣到了花不完的钱。他开始在斯堪的纳维亚、西班牙以及俄罗斯向教皇以及几乎所有的西方统治者放贷。雅各布·富格尔不仅垄断了金属市场，他还成为世界上最有权力的银行家。

到目前为止，富格尔被认为是16世纪最富有的人。他之所以能够达成这个成就，是因为他是其中一个最早抓住那个时代的机会的人：与整个世界进行交易，而不是仅仅在周末市场上和自己的邻居进行交易。

18 你的第一笔交易

在本章的开头我说过，这个世界有时并不公平且存在恶意。我也不得不向你说出几个苦涩的事实。你从国家那里拿到的养老金并不足以支撑你无忧无虑的退休生活。似乎所有事情在之前的时代都更好，比如你父母所在的时代，他们还能够从自己的活期账户中得到高额的利息。如今一切都变得很糟糕，你几乎拿不到多少利息。我们一起梳理了金钱的历史，我们看到了金钱能引出人们身上最好的东西，也能诱出人类身上最坏的东西。

我需要再次澄清：金钱本身并不好，但是它也不坏。这仅仅取决于像你像我一样的人们拿它来做什么。

在本书的开头我也告诉了你：这个世界也是松软的、美丽的以及充满机遇的。你的智能手机让你比你所有的祖先都更加聪明。你可以上网搜索所有的事情。你有一个通往这个世界所有信息的入口。只是，如果你不知道如何处理这些信息，它们对你又有什么用呢？终于，现在我们迎来了上百万个通往你的第一个一百万欧元的可能性。

变富有是一场马拉松。尽管有史蒂夫·乔布斯这样想出让整个世界疯狂的主意的人，也有Shiny Flakes这样在几个月内把毒品交易做出几百万美元交易额的人。这两个人都经历了通往财富的一场冲刺。其中一个运气很好，并且有着恰好的时机，另外一个则因此进了监狱。我们中的大多数人既不是天才，也不会去干犯法的事情，于是只剩下了一种可能性。我们需要把我们通往财富的道路想象成一场马拉松。一场马拉松和一场冲刺的相同之处在于：第一步很重要。

你如何得到自己的第一个100欧元？不要向别人要，自己去赚。当你真的自己赚到了100欧元时，你就已经为你的第一个100万欧元奠定了基础。赚钱的原则是一致的。不管是对你，对我，或者对所有人来说都是这样。上千年来它都没有变过。你已经知道了这个原则：买和卖，供给和需求，通过交易获取利润。

很有可能你在一些关于富人的纪录片中看到过，他们把自己赚到的第一个1美元（或者第一个5欧元）裱在画框中。如果你觉得这样能够激励你，你也可以这么做。如果你觉得这样做很傻，那就算了。这本书主要是想要帮助你找到自己赚钱的风格，赚到比你的父母更多的钱。然而我觉得，把自己赚到的第一笔资金裱在画框中，再没有比这更能表达自己刚赚到钱时的自豪了。

当我告诉你，你不应该伸手去要这100欧元，而是自己去赚时，你该怎么开

始呢？没有启动资金，也没有改变这个世界的主意。

听一听你内心的想法：有没有你喜欢做的事情？有没有你能做得比别人好的事情？有没有你知道的比别人多的事情？一旦你找到了，你就拥有了你第一个商业计划的基础。

如果你很喜欢修理自行车，你可以从大件废物中拿一辆，把它修好，然后在跳蚤市场上把它卖掉。当你获取利润时，当场投资另外两辆报废的自行车，把它们修好然后卖掉。再买几辆，这样循环往复。

如果你喜欢狗或者小婴儿，你可以在你所在的社区（或者网上）张贴一张广告，提出有偿帮助有需求的父母或者宠物主人短暂地照顾他们的婴儿或者宠物狗。

也许你对限量款的运动鞋感兴趣，并且你已经为接下来的这场发售省下了好几个月的零花钱。先不要买，等下一次发售，在这个期间继续存钱。当下一次发售来临的时候，凌晨三点去商店前排队，并买两双。在回家的路上把其中一双挂到网上出售。肯定有人十分想要这双鞋子，但是他又没有兴趣在凌晨三点跑到商店门口排队。这时你把多出来的那一双加价卖给他，毕竟你那么早就起来去排队。最后你不仅得到了自己想要的运动鞋，还赚到了钱。

有可能你的父母认识一些手工者或者艺术家。如果你会编程的话（或者会网页设计），你可以帮助他们设计一个小的网页，让他们看起来不像20世纪90年代过气的艺术从业者。或者你很喜欢研究饮食如何影响我们的身体，我们怎样吃鸡肉、西兰花或者薯片才能尽可能多地长肌肉或者尽可能少地长肥肉，你可以写一份节食计划。然后按照友情价出售。

也有可能你很喜欢一些诡异的动画，你看过所有日本的原声带动画。可是你的朋友怎么都不接受你的推荐，这让你非常恼怒。写一份新闻稿！做一个播客！这仅仅需要你花时间。先免费做几个月，渐渐地你有了一批忠实的听众或者读者，这个时候你可以设置收费的会员内容，或者向你的听众要求一些小小的奖赏。

这当然是一些比较理想的情况。但是这并不一直符合实际情况。用你不喜欢的东西赚钱也是值得尊重的。当然，你也可以做一些十分赚钱但是并不有趣的事情。这样你也能赚到你的第一个100欧元，只是少了很多乐趣。这样的话你也会很难有动力。尽管如此，这并非不可行。

在商场里面整理货架，在咖啡馆里面服务别人或者在披萨店里面烤披萨——这些都是令人尊敬的工作。但是这些工作可能并不能给你带来热情。请你尝试着更详细地去理解你工作的商场、咖啡馆或者披萨店：在玛格丽特披萨上面撒的奶酪的成本是多少？为什么上面撒有精细奶酪或者萨拉米的披萨会更贵？披萨的价格是怎么定的？披萨要怎样定价，这家披萨店才能产生利润？什么样的人更喜欢点披萨？在哪些时间段？在周六还是周日？冬天的时候价格会上涨吗？或者世界杯期间？你在哪里能拿到更多的小费：在学生宿舍还是在别墅区？把你打的零工当作你理解这个世界经济的第一课：供给是怎样产生的，也就是一个披萨？需求是怎样出现的，也就是点披萨的人？这两者是怎么相互影响的？

我的第一笔交易是在小酒馆，我当时在劳达—科尼格斯霍芬火车站的“基布兹”当服务员。我不想简单地帮别人倒啤酒，也不想别人仅仅因为我把他们灌醉了而支付给我钱。这有点滑稽，甚至是非常滑稽。但是让我感到兴奋的是，我把这个小酒馆封闭的世界理解成整个世界的映像。也就是：怎样才能让人们乐意付钱，人们喜欢为什么样的商品或者服务买单？以及我作为一个酒馆服务员能用这些思考来做什么？

餐饮行业是一个宏大的学校。咖啡馆、小酒馆或者烤肉车是人们愿意付钱的地方。相比于支付罚单，他们更喜欢点一杯啤酒、一份意大利面或者一碗别的什么。

餐饮业也是一个交易总额很高的行业。如果你每小时卖出了20瓶啤酒、10个烤香肠或者5杯卡布奇诺，你的交易额就是这么多。你可以在这里学会心算以及如何应付现金。你在这里能学会，人们必须沟通才能和别人做生意。在这里直视别人的眼睛是有好处的（在这里撒谎比在网络上更加困难）。当人们觉得价格不合理的时候，他们会直接抱怨。相比于其他的事情，这些抱怨你应该少往心里去。

你不必在第一份工作就改变这个世界。你首先要做的是，把人们喂饱，给他们提供信息，或者负责让他们更有教养一点。你的这些交易带给你自己以及别人好处。而金钱只是其中的副产品。用你喜欢的方式赚钱。这个世界上存在着100种赚到第一个100欧元的可能性，而你只需要找到适合自己的那个。在你完成了之后，你可以开瓶香槟庆祝一番。你刚刚完成了“一百万欧元马拉松”的前100欧元，还有999900欧元。不要担心，我们可以做到。

假设我们印刷很多的钱让每个人都变得富有，结果会怎样？

现在我们假设，现任的总理在电视发言中宣布："亲爱的国民，今天午夜时分每个人将会从联邦政府这里得到一百万欧元现金。祝贺你们，我们现在所有人都变得富有了。"这之后会发生什么？

当然所有的人都会投资股票组合，购买合理的基金，安排自己的养老金以及还清自己的贷款。甚至会奢侈一把：更换掉自己老旧的洗衣机。太疯狂了！

我们可能会经历德国最为杰出和盛大的派对。所有的人都会组织上一场可以畅快享用鱼子酱和龙虾的自助餐派对，在喧哗的车队中和陌生人一起享用香槟。

第二天呢？整个国家会在这场令人讨厌的宿醉中醒来。一方面是因为昨晚的香槟；另一方面，这些金钱变得一文不值。

如果每个人都突然间比之前富上一千倍，那么所有东西都会在最短的时间内贵上一千倍。想要点一杯咖啡？请支付2500欧元。想要去电影院看一场电影？10000欧元。想要一张你最喜欢的嘻哈歌手的演唱会的票？50000欧元。即便世界上所有的政府都赠送给他们的人民每人一百万欧元——后果也是一样的：所有东西都会以相同的比例变贵，最多有一天的延迟。

为什么？金钱之所以能够在社会中运转，就是因为很多人约定好，它有着确定的价值。他们相信世界不会在一夜之内就彻底被改变。当我们在一夜之内都变得富有起来时，我们也会一起在这场盛大的派对中摧毁已经建立起来的信任。我们在头一天晚上得到的金钱，第二天就会被我们用手推车运到市场上，把它们堆起来，浇上汽油，然后烧掉。

我们印刷这么多的钱让所有人都变得富有，这带给我们什么了？什么都没有！让这个世界变得更加美丽以及更加可持续的是：用钱消灭贫穷。比如根据一些研究，每年只需要几千亿欧元就可以消除世界上的饥饿。我们不需要为此印刷更多的金钱，只要我们将现有的金钱更公平地分配就够了，甚至只需要更公平一点点就够了。

第二章

时间跨度：1–4年

第一个1000欧元

为什么金钱本身不能带给你快乐

为什么在变富有的过程中你需要耐心

公司是怎么赚钱的

——你又能够怎样从中获益

19 只有富有才能幸福，或者幸福才是真正的富有？

自从金钱诞生以来，人们就思考着这个问题：金钱会让人们变得更幸福吗？老人，青年人，富人，穷人，愚蠢的人和聪慧的人，他们都在思考这个问题。甚至亚里士多德，古希腊的著名哲学家，也在思索这个问题。他坚信：不会，金钱不会让人更幸福。幸福并不取决于我们的账户中有多少余额，而是取决于我们的内心。只有内心深处相信自己过着美好且富足的生活的人才能过上美好且满足的生活。这位哲学家想表达什么呢？

亚里士多德作为宫廷哲学家居住在古代雅典王室。这个城市在当时是全世界的中心，相当于今天的纽约、伦敦或者东京，一个大都市，经济和文化中心。所有通过交易或者戏剧变得富有的人们都居住在这里。亚里士多德观察那些能买到所有东西的人。他们买来名贵的葡萄酒止渴，买来漂亮的男人女人让自己不再寂寞。富人能够拥有他们所能想象到的所有东西。当他们想要某样东西时，只需要花钱买来就行了。然而亚里士多德并没有在这里看到幸福的人。正相反：他看到了羡慕、嫉妒、欺骗、通奸和谋杀。他看到富人并不幸福的生活。他们累积了无法想象的财富并享用最上等的食物：橄榄、无花果、迷迭香烤羊肉。他们在铺满希腊名贵大理石的富丽堂皇的家中进餐：一个人。他们明白，当他们一天中最重要的事情变成了是用黄金镶边的水晶杯还是用水晶镶边的黄金杯喝葡萄酒时，这只会让他们寂寞、不幸以及悲伤。他们是如此的不幸福，以至于他们自己都无法说服自己：我是幸福的。他们从不相信自己会拥有美好而满足的生活。为了能够麻痹自己，让自己忘掉这个苦涩的事实，他们无节制地享用珍馐佳肴与美酒，他们用金钱买来朋友和伴侣。他们买的东西越多，就变得越不幸福。他们花越多的钱，就离自己越来越远，离相信自己能够变得幸福的机会越来越远。

大约隔了2000年之后，德国哲学家亚瑟·叔本华提出，不仅仅是富人，绝大多数人都被诅咒变得不幸福。叔本华，一个抑郁且悲观的人，他坚信：如果人们想拥有变得幸福的机会，他必须远离高额的金钱。“富裕就像盐水，我们喝得越多，就越渴。”他曾经如是说。

不管在古希腊哲学中还是在现代欧洲哲学中，金钱似乎没有什么好名声。金钱是否能让人们变得更幸福？现代的研究比亚里士多德和叔本华更多维度地回答了这个问题。新的研究认为金钱和幸福之间存在联系。研究者更感兴趣，不同额度的金钱如何对人们的幸福感产生影响。一些研究者认为，钱越多，人们就越幸福。另外有研究者说，只有一定额度的薪水或者财富才能够让人们变得更幸福，超过了这个额度，金钱对于幸福感就失去了意义，不管一个人是赚一百万欧元还是一千亿欧元。然而所有的研究者都同意：有钱的人虽然不一定幸福，但是忧虑也更少。那些不需要为自己的取暖费担忧，不需要害怕洗衣机坏掉以及在生病或者摔断胳膊的时候有医疗和资金保障的人，他们心中更少有糟糕的感觉。在这样的情况下生活基本上没有问题。

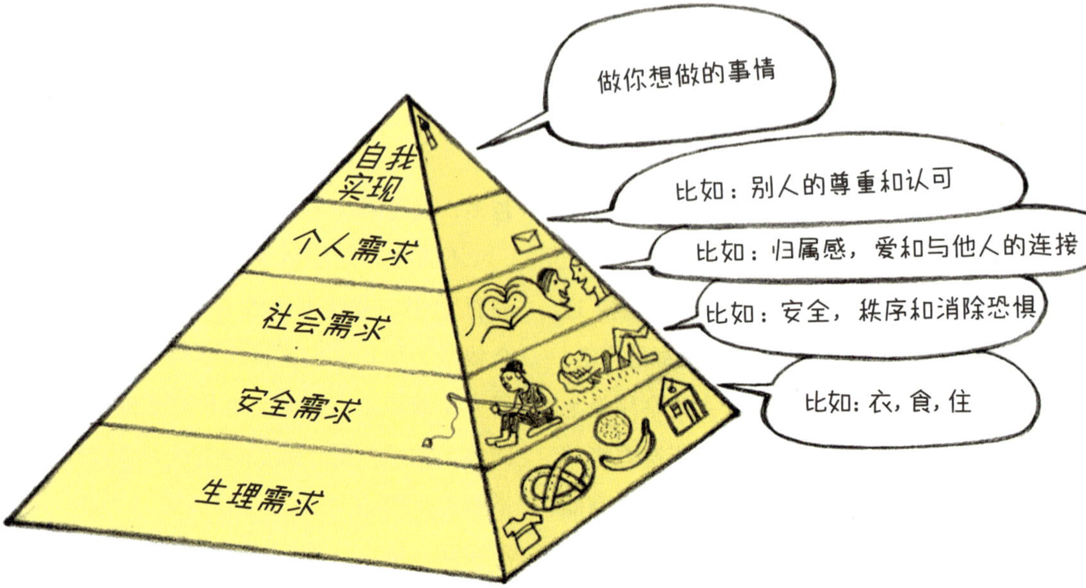

但是这样就够了吗？仅仅因为人们不伤心，所以人们就会开心？我在这本书第一章已经向你介绍了一些如何积累财富，也就是积累金钱的方法，现在我想快速地向你讲述一下人们如何累积幸福。因为两者之间有着某种关联。

不同的人因为不同的事情而幸福，对你来说最大的幸福可能是背上背包去巴厘岛或者新西兰旅游，而另外一个人可能在看到一只可爱的小狗时感到最幸福。下一个人又可能因为他喜欢的俱乐部在冠军联赛或者超级碗比赛中获胜而感到幸福。幸福对于每个人都是不同的。

美国哲学家亚伯拉罕·马斯洛肯定清楚地知道这一点。尽管如此他还是想弄明白，到底是什么让人们变得幸福：人们怎样才能对这上千亿种不同的幸福感受做一个总结？马斯洛为此发明了一个模型：需求金字塔。这个金字塔也能帮助我们更好地回答我们的问题：人们会因为金钱变得更幸福吗？人们能够买到幸福吗？

基本需求

马斯洛理论中的基本需求是指，所有对你活下来很重要的东西。你需要喝水才不会渴死，你必须吃东西才不会饿死，你还需要一个能够遮蔽风雨的家。

你可以买一个汉堡和一杯可乐，也可以买一个牛油果和一杯鲜榨橙汁。当你和父母还住在一起时，他们可能买了一栋房子或者租了一个公寓。之后你搬出去的时候，你也会做同样的事情。吃、喝、住——这是马斯洛放在需求金字塔最底层的需求，这些需求可以用金钱来满足。就是这么简单。

安全需求

现在你有了足够的食物和水，另外你还有一个家。那么接下来呢？根据马斯洛理论，这时会出现一个新的需求：安全。你想要安全，你不仅仅想要现在有足够的食物，也想要明天以及一年后都有足够的食物可以吃。这种情况下，只要人们挣到足够多的金钱就够了，这样人们就不用担心明天买不起一杯冰茶，或者一年后交不起房租。安全需求也意味着：你想要居住在一条安全的街道上，在一个安全的城市以及一个安全的国家里。恭喜你——因为你出生在德国，所以这一点已经被满足了。近几年来德国的犯罪率一再下降，当我像你这么大的时候，在德国还会有比现在多得多的人被抢劫、被殴打或者被杀死。

当你感到不安全或者感到被威胁时，你可以拨打紧急电话。警察或者救护车会赶过来。

和其他国家不一样的是，你不会因为拨打紧急电话而收到账单。警察会赶过去救一个百万富翁，救护车也会出发去救一个身无分文的人。不管你的收入是多少，你都能够享受到国家为你提供的这些安全服务，比如警察和救护车。更重要的是，你是否足够的幸运能够生活在一个可以保障所有人安全的国家里。（当然，警察和救护车上的工作人员也有工资，而且国家常常是拿着你上缴的税来支付他们的工资。）

另外，马斯洛还将健康算作安全需求。你可以一辈子都花很多的钱购买健康的食物，你也可以每天都去健身房，然后去蒸桑拿。你既不吸烟也不喝酒，你从来不吃油腻和煎炸的食物。尽管你努力降低所有的风险——你还是会生病。像癌症这样的重病或者轻感冒这样的小病，它们可不管你能挣多少钱。你可能会在一个有着35个房间的别墅里从梯子上摔下来，这样的事情也有可能发生在一个一室的公寓。不管怎样，你的腿都会被摔断。在这种情况下，我们还能说金钱可以买来安全吗？你可以用金钱补贴家用以及保证你不会在这个月就破产。如果你足够幸运生在了一个像德国一样的国家，这个国家会保证你的安全。但是健康——是买不来的。在金字塔的第二层，如果你想要用金钱去贿赂主管幸福的“神”，这件事情开始困难了起来。

社交需求

不管你是班里面的开心果，派对上的焦点，还是喜欢安静地坐在角落，这世界上的每一个人都需要和别人亲近。有些人的亲近需求多一些，有些人的亲近需求少一些。但是没有人完全不需要。和压力或者吸烟一样，孤独同样会让你生病。问题来了，你能用钱来满足自己的社会需求吗？你当然可以一直邀请自己的朋友或者陌生人来你家做客，这样他们就能陪在你身边。只要电影还在放映，或者你家的披萨足够多。但是这样就够了吗？如果仅仅一方付出，另一方索取，不管是朋友、恋人或者家人，这样的关系是否行得通？当你一直这样做时，受折磨的不仅仅是你的钱包。更重要的是：如果一个人仅仅因为你给他买了一些东西而待在你身边，这是真正的友情或者爱情吗？可能不是。就像马斯洛理解的那样（我也是这样理解的），人们无法用金钱满足自己的社会需求。是的，你可以买来表面的亲近，但是真正的朋友、真正的爱情以及真正的亲密不会被标上价格。它们正因此才宝贵。

尊重需求

你填饱了肚子，感觉到很安全，结交到了朋友，或许还有了一个恋人。太棒了！遗憾的是，这个星球上有很大一部分人的前三个需求没有办法被满足。人们或许应该记住这一点，我是说：我们应当学会感激，找到内心的平静和满足。我们本来应该对此感到满足了。但是，奇怪的是，许多人还是会想：还是少了点什么。我是如此。我猜测，你应该也是吧。至少有时会这样想。马斯洛称之为尊重需求。我们不愿意自己仅仅是某个群体中无足轻重的一部分，我们想要成为特别的存在，并且想要别人也看到自己的特别。

当我们从基本需求、安全需求、社交需求一直来到金字塔的第四层时，我们带着最初的问题在此处踏进了一个危险的区域：人们是否能够买到幸福？在这个阶段，即尊重需求阶段，如果我们认为“我们可以用买买买来与众不同，来获得别人的认可和尊重”，这个阶段可能极其危险。马斯洛将尊重需求分成了两个层面。一方面，我们心中都有着很深的渴望：我们渴望变得强大、成功、独立以及自由。我们想要对自己感到满意。就像在你看向镜子的时候：你喜欢你本来的样子。到目前这个程度一切都很好，一切都没有问题。另一方面，我们心中有着另一股至少同样强烈的渴望，我们渴望被别人看到。你渴望以自己想要成为的样子被别人看到：你想要别人看到自己的与众不同，你想要别人看到你向别人展现出来的一面，你想以此获得别人的尊重。现在你就像扮演某个角色的演员，如果你是百事通电视中的一个主角，你需要超级身体、超级大脑和超酷的汽车。现在回想一下本书的开头，我向你描述了，我是如何在25岁左右的时候驾驶我的保时捷穿过街区并认为：被别人看到我坐在保时捷里是一件了不起的事情。至于我是否认识这些人，这对我来说无所谓。他们的评价是否有用对我来说也无所谓。我只想着：当他们看到我在这辆汽车里的时候，他们一定觉得我酷毙了。我的保时捷是一种无条件的象征，象征着他们对我的认可和尊重。这也是为什么在我的驾照被没收了之后，我还在驾驶着它。当时的我认为，坐在保时捷里面被别人看到比遵守法规更加重要。或者换句话说：我本来想要成为的样子以及这辆保时捷把我变成的样子——我渐渐无法分辨这两者。我当时根本意识不到，我正在扮演着一个角色，就像一个演员那样。

当时唯一的优势在于，社交媒体还没有出现。我现在想想都会后怕：要是我只上传一张我和保时捷的合照，带上标签——#驾照丢了还在驾驶保时捷911#，就有成百上千的人们趋之若鹜地给我发送火苗形状的表情符号，还不知道当时的我会做出什么事情呢？

如果一个陌生人对你说："嘿，你的汽车太酷了！你的运动鞋太酷了！你的假期太酷了！"这些真的重要吗？"嘿，你女朋友太酷了！你男朋友太酷了！你的肌肉太酷了！我的天哪，你都吹了四瓶了还没醉！太疯狂了，你竟然还能工作！"别人这样看你真的重要吗？或者有人对你说："我爱你"或者"我喜欢你，你能出现在我的生命中真的是太棒了"，这些重要吗？或者，这才是最重要的一件事情：你站在镜子前面，看向自己的眼睛然后想到"我的生活太棒了，我太爱自己了"？

当然了，生活中有这样的阶段，用超级身体、超级大脑和超酷的汽车来让自己感到短暂的幸福也还不错。一板巧克力，或者坐在保时捷里飙车——原则是一样的。只要你还在吃巧克力，只要你还坐在保时捷里，你就会感觉到幸福。当你在我提到的这些很酷的事物（"炫酷的汽车，很酷的男友，炫酷的腰带"）时疯狂点头，一切都没有问题。

这些都会给你带来短暂的幸福。但是如果你在那个看上去很俗套的问题（"我喜欢你""我爱你"）之后点了头，你就拥有了一个能够长期变得"幸福"的机会——无论如何，按照我个人的经历事情应该是这样的。马斯洛理论第四个层次：尊重需求。

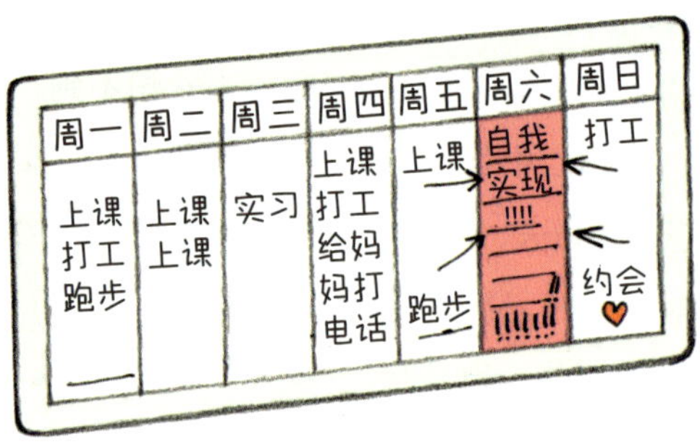

自我实现需求

我们来到了游戏的最后。再没有比自我实现更大的事情了：你想要成为你能够成为的人。你很好地认识了自己，所以你知道你想要的和不想要的。你知道你擅长什么，你找到了一份能够施展自己天赋和潜力的工作，与此同时还挣到了钱！太棒了！

自我实现——当一个短跑运动员在奥运会上赢得了金牌时，她会有这种感觉。在这一刻，似乎所有的努力都是值得的，最终的胜利。但是我不知道，在这么多年的训练中她是否也是这样感觉的：自我实现。当她受伤时，或者当她接到了一个能带来丰厚报酬的代言，但是她一点都不喜欢自己代言的薯片、牙膏或者鞋子。

当一个发明家发明出了一个改变世

界的产品并变得极其富有时，她会感到自己的自我被实现。但是私下里她真的幸福吗——或者有可能非常的孤独？在这之前她有没有经历过可怕的自我怀疑？当有人发明出比她的产品更好的产品时，她会怎样？我不知道。但是我知道的是：在自我实现和被驱使之间有着非常微弱的差异。当一件事情让某人变得不开心时，当他在自己认为的通往自我实现的路上感到痛苦时，或许他应该停下来问问自己：经历这种折磨是值得的吗？或者这条道路仅仅会带给我折磨？

一个自己待在寺庙的佛教徒，他会清晨因为鸟鸣而感到幸福。或者一个在菜园里采摘西红柿的单身母亲，也是一样。有成百上千个例子向我们传达着同一个道理：人们自我实现的时刻极其稀少。没有人一天24小时、一周七天以及整个生命都在不断经历自我实现。没有人！这是我们应当感激的珍贵时刻，因为这个时刻很快就会逝去。当游客涌向那位佛教徒的寺庙时，那个佛教徒会感到心烦意乱。当那位母亲因为前夫的离开和国家的忽视而不得不为孩子牺牲自己时，她也会感到心烦。这个世界上没有金钱能够激励哪位短跑运动员去夺得金牌。哪位发明家也不能用金钱贿赂自己的大脑，并请求它再想出一个改变世界的主意。

好的！我们经历了漫长的旅程——从古希腊到马斯洛的需求理论。我认为，最重要的在于一个认知：仅仅用钱买不来幸福。金钱减少我们的烦恼，它仅仅是满足你需求的工具。我们很容易混淆的一个点在于：金钱本身可以帮助我们短暂地享乐，而无法保障我们长期的幸福。对此你也无能为力。我们人类的大脑仍然停留在10万年前的石器时代。那个时候杀死一只猛犸象或者找到一块巨大的石头就能让我们的祖先幸福。我不认为洞穴时代的人们曾经思考过自我实现的问题。但是他们也不用付租金、支付利息或者思考一些让自己比父母更富有的策略。

我们再重复一下，好让你记住：当你用太多的金钱去买仅仅好玩的东西时，长期来看你不会幸福。如果你不挣钱的话，长期来看你也不会幸福。老实点讲，正是由于这个原因你才买下了这本书，也有可能这是你从别人那里得到的礼物。你想要变得富有的话，我们就接着往下看吧。

20 百分之十规则

所有你在之前的章节以及这一章中学习到的都是基本规则。所有我告诉你的关于钱的事情都遵循这些规则，不管涉及1欧元还是100万欧元。你在通往财富的这条道路上走得越远，即使我不提，你也会越来越频繁地碰到这些规则。所以你应该先学会早早地使用你学到的规则，然后重复它们。你应该在一开始没有风险的时候就积累经验，这些经验让你在之后面对风险的时候成为一个成功的投资者。记住这些基本的规则，把它们变成你的习惯。我知道一开始很难，但是每过一天它都会变得容易一些。棘手的是：你需要每天都如此做。但是当你成功地把这这些规则内化成你的习惯时，你接下来要做的就是，在越来越大的尺度中去应用它们。这很简单。

一个你在成为百万富翁的道路上应该养成的习惯是：百分之十规则。在你变得烦躁之前，让我先小小地激励你一番：在你内化了这些规则之后，你就理解了让你变富有的最重要的规则。

百分之十规则是指：把你拥有金额的10%存起来。把这么多的钱存起来成为你的投资储备。不管是你做兼职赚到的钱，还是生日从父母那里拿到的红包，又或者你从自己第一笔交易中赚到的利润。你之后会用这些钱赚到更多的钱。用赚到的更多的钱来赚真正多的钱。再用这些钱赚到你的第一个一百万欧元。就是这么简单。当你从你的第一个100欧元中拿出了10欧元存了起来时，你就能够从10000欧元中拿出来1000欧元存起来。不管到你手中的金额是多少，先存起来10%，然后用剩下的钱去做别的事情。我建议你把它们存在另外一个活期账户里面。

我现在能够想象到，你觉得这不公平。你挣到了自己的第一笔钱，现在我却期待你将其中的一部分存起来，而不是用全部的钱来犒劳自己。抱歉，但是我坚信：只有能够放弃眼前小小的享乐，未来才有可能支付得起更大的享受。

21 W和B——你新的最喜欢的字母

如果你想变得富有，你需要控制自己。首先就是控制自己的金钱。收入是多少？支出又是多少？如果你不清楚自己的现金流，那么你就永远无法操控它。

试着记一个月的账。你将所有的收入和支出全部记下来：每一个从学校面包坊里买来的香肠面包、每一杯咖啡、每一个汉堡、每一次乘坐巴士。你也可以用手机上的记账软件。当你在月末的时候看到自己的消费记录，你就知道钱都去了哪里。我保证：它不会像魔法一样从你的账户中消失不见。没有人偷走你的钱。你把它们花掉了而已。因此它们才会从你的账户中消失。

不要担心：我不会也不想让你早上用桶接着你的洗澡水，然后用它来煮鸡蛋，最后再用它来煮咖啡。我不想你的生活因此变得索然无味。我只是想让你控制自己的消费，而不是让消费控制你。为此我有一个记账的小技巧要分享给你：在每一笔支出后面写上字母W或者字母B。

B 代表着必需品（Brauchen）。有一些支出是必要的。当你的袜子破了个洞时，你当然需要一双新的袜子。当你的钢笔坏了，你需要一支新的钢笔。当你饿了时，你需要吃的——比如一个巧克力棒或者一个披萨。不然你的心情就会很差，带着坏心情你不会做出好的投资。所有的这些支出都是必需的。对于你真的需要的东西，你必须花钱去买。在这里你不能节省，你也不应该节省。

W代表着想要（Wollen）。如果你觉得你的黑袜子让你感到无聊，因为你更喜欢粉色或者绿色的袜子，那么这时你想要一双新的袜子。如果你没兴趣等到晚饭时间和父母一起吃饭，并因此点了一个披萨，那么你想要这个披萨。如果你的手机还正常运转，但是新的iPhone能拍出更好看的照片或者有更大的屏幕，尽管你现在的手机已经大到无法装进口袋了——然后呢？对了，你想要一个新的手机，尽管你不需要它。

简而言之，所有你必须购买的东西，你都在后面标记上B，代表必需——这样这笔支出也是被允许的。所有好玩的、短暂地分散你的注意力或者让你感觉良好的东西，你都在后面标注上一个W，代表想要——这样这笔支出就是被禁止的。

胡说。其实该如何定义你真正需要或者仅仅想要某样东西，这依赖于你所处的场景。现在我们用一个上面带有额外的奶昔、巧克力碎（白色的、棕色的和彩色的）以及很多坚果和樱桃的巨大

冰激凌来举例。有可能你因为想庆祝什么事情奖励给自己这么一个冰激凌。又或者这一天实在是太糟糕了，只有这么一个冰激凌能让你心情好一点。在这种情况下，你需要这个冰激凌，因为在这一秒它，是这个世界上最好的事物。不要犹豫！请在你账本这一行的后面标注上字母B。

但是，你不大可能每天都有需要庆祝的事情。或者每天都会发生一些让你感到生气或者愤怒的事情。如果你每天都需要一个超大的冰激凌来应对这些沮丧的情绪，因为你没有别的方式可以缓解它们，那么你很快就会因为糖分摄入过多而生病以及破产。你肯定两者都不想。让你更危险的想法是，你认为你每天都需要喝点啤酒、红酒或者阿佩罗酒。

在消费控制你之前，控制住自己消费的欲望。毫不犹豫地把钱花到一切你真正需要的东西上面。不要对自己太严苛，定期奖励自己一些东西，那些能让你感到快乐的东西以及你在一些特殊的时刻需要的东西。

对自己保持诚实。吸烟的人每天都想吸烟，并不是因为他们需要吸烟，而是因为他们染上了烟瘾。消费和甜食是和烟瘾以及酒瘾一样的事物。“消费瘾”合理的对立面并不是完全放弃，而是有意识地消费。只要人们在消费的时候保持对自己诚实，我认为每个人都可以做到有意识地消费，并从这个过程中获益。

仔细看一遍你的账本，看一下所有你在后面标记了W的支出。设想一下，下个月你会克制住自己并让这一块的支出减半。我敢跟你打赌：你会突然多出10%的钱，然后把它存起来。

另外一个能帮助你的小方法是，在消费的时候深吸一口气，屏住呼吸，听清自己内心的想法：我想要这件衣服或者我需要它？我衣柜里是不是已经有了十件类似的衣服，又或者它就是我在毕业晚会上要穿的那件完美的礼服？我需要外带一杯咖啡，是因为外面很冷，还是因为我昨天又打游戏打到了凌晨两点，所以现在才会困到睁不开眼睛？

你会觉察到，你需要的东西是多么的少，你想要的东西是多么的多。如果你第一次做到了放弃一些东西，一些你想要但是不需要的东西——为你自己感到骄傲吧！当你这样做了十次时，犒劳自己点什么：一件衣服，一个冰激凌，或者别的你想要的。当你这样做了100次时，你会发现：这件事情变得越来越简单。

22 习惯的力量

我尝试着用这本书给你一些变得富有的小建议。你知道的，富有并不仅仅指财富的累积，而是一种思维习惯。在金钱之外，还有很多事情能够让你变得富有：满足、友谊、爱。最能够帮助你的是习惯——不仅能帮助你在经济上变得富有，同时也能帮助你在其他方面变得富有。

为什么你在除夕夜给自己立下的新年决心总是不了了之？你告诉自己，你再也不喝酒了，你要在晚上12点之前上床睡觉，然后早上6点起床，在去上学或者上班之前再做做运动。每天傍晚要读30分钟的书，然后冥想。再也不吃糖了，或者油腻的食物。你没有遵守自己立下的这些"规矩"，我也没有。如果一个新年决心里面带有"总是"或者"再也不"，那么没有人能够一直执行下去这个决心。让你自己轻松一些。

告诉自己：我要每天读一页书。那么你就比一页都不读要好得多。告诉自己：我每天慢跑一公里。那么一年就是365公里。聚沙成塔。等到下一年把自己之前定下的目标翻一倍，比如每天读两页书，这样你一年下来就能读700页。第三年再把目标翻一倍，你就能每年读2000页。几年过后你会发现，你每年都能读上20本书。你在缓慢但是持续地前进。与短时间内做到一些事情，但是很快又放弃相比，长期主义能让你获得更多东西。人们利用节食来减肥的时候经常会出现所谓的"悠悠球效应"。那些短时间内大量锻炼且节制饮食的人会瘦下来，然而很多人常常很快便放弃锻炼和节食这两个习惯，因此他们又会很快地重新长胖。到最后甚至适得其反。

你需要一些能够浮现在脑海中的积极目标。你为什么要做这些？你为什么要工作？你不要总是想着：如果我不努力工作，等我退休了，就只能捡瓶子度日了。想象一下这样的画面：你悠闲地躺在湖边别墅的阳台上，边上躺着三只可爱的狗，桌子上放着一杯葡萄酒。你周围的森林散发着什么气息？湖水是什么颜色的？当你用手触碰湖水的时候，你有什么感觉？想象一下这些美好的感受，让你人生的目标浮现在你的脑海中。最好同时调动你的五个感官：视觉、听觉、味觉、嗅觉和触觉。你的目标越大，你的想象就应该越准确。

刚开始的时候不要为难自己。让你的灵感自然而然地被激发。如果你准备多读一些书，那就读一些你感兴趣的书。这些书中可能会涉及你的梦想，它们带

着你前行。成功的人喜欢阅读其他成功人士的自传或者他传，这肯定绝非偶然。基金经理喜欢阅读运动员的传记。运动员喜欢阅读政治人物的传记，政治家有可能喜欢阅读基金经理的传记。

如果你没有兴趣阅读一本传记或者非虚构小说，那就听书。或者读一读节选，再或者至少要详细看一下维基百科上相关的条目。在Netflix上面看相关的纪录片，但是请经常做这些事情。去读、去听、去看那些让你感兴趣的能够激励你前行的作品。和在校园里不同的是，你可以在业余时间里找一些你想学的东西。

每天都为自己做一些事情，你会在你赚到1000欧元之前就变得富有。

就像你知道的那样，我并不认为富有仅仅意味着财富或者工资或者拥有一辆保时捷911。只有当你的肉体、灵魂和精神达到统一的时候，你才真的富有。

你肯定不想成为有着最棒的身体和最聪明的脑袋，但是不能去感受的人。你肯定也不想成为最漂亮以及有着无比细腻的感受，却是十分愚蠢的人。你肯定也不想成为极其富有，却连楼梯都爬不上去的人。身体、大脑和灵魂，如果你仅仅顾及其中的一个，你不会幸福。如果你顾及这三者中的两者，你最多只是在平均满意值之下徘徊。但是如果你每天都做一些事情来强健你的体魄、丰盈你的灵魂以及大脑，那么你不仅仅比你父母要更加富有，你比你生命中遇到的绝大多数人都更加富有。

去寻找一些能够同时训练你的身体、大脑和灵魂的活动。对我来说，瑜伽能够起到这样的效果，可能你选择的运动方式也能够奏效。那就经常去做吧，只要你有时间。如果你不想运动，那么去散散步。在一到两小时内把你的手机调至飞行模式。听一个你感兴趣的播客，接下来喝一杯Radler啤酒、一杯香槟或者一杯可可。想要同时照顾到你的身体、大脑以及灵魂就是这么容易。

如果你喜欢去健身房举铁，并且你有一个经常和你同去的朋友，在去之前玩一个对你的大脑有好处的小游戏：一个小测试，一局象棋，都可以。赢了的一方可以免去第一轮卧推，从第二轮开始。到最后做的轮数多的人，可以决定对方是请自己看电影、吃土耳其烤肉串，或者其他一些能让你们愉快地度过时间的事情。每天训练自己的身体、大脑和灵魂——又是一个通往财富道路上的基本规则，它不一定必须和钱相关。

23 你可以犯错

你在学校里面经历过的最糟糕的事情可能是：因为犯错而被惩罚。学校里最好的学生并不是有着原创性想法的学生，而是那些犯错最少的学生。在学校里我们被教育尽可能少地犯错。但是，不好意思，请问人要是不犯错还怎么学习呢？这样不行的。

我们总是惊讶于小婴儿能够在短短的两年内就学到很多：说话、走路、方向感，可能他们自己都还不明白方向感是什么。有人会相信，如果一个婴儿老是因为犯错而受到惩罚，他还能学到这么多东西？就像有人给他写了一个评语一样："婴儿很少能够连续走上几步并且中途不摔倒。他极不擅长平衡和协调。分数：5分。[①]"

一个婴儿之所以学东西如此之快，是因为他常常被鼓励去犯错。因为当他做错什么的时候，不会有人对他发火。但是只要一个婴儿变成了一个孩子，他就不再被允许犯错。尤其是青少年的时候，犯错几乎成为弥天大罪。成年人不再谈论错误，因为他们已经内化了这种想法并且如此地为犯错而感到羞耻。不管是孩子、青少年还是成年人，我们都在竭尽所能去寻找一种策略，只在一些我们一定不会犯错的情景中活动。这也是我们只待在舒适区的原因。这也是为什么他们不敢跟心仪的人打招呼的原因。他们害怕出差错。这也是为什么他们不敢说出："我想成为艺术家、舞蹈家、画家或者歌唱家。"他们害怕被别人嘲笑："你清醒一点。"

这种长期积累起来的面对错误的恐惧阻碍着我们，不管是私下还是在工作中，或者在投资中。这样我们就又回到了我们的主题。下一个基本规则：你必须允许自己犯错。

问问你的父母或者熟人。我敢打赌，肯定会有人告诉你，他之前在股市赔了钱。我能够理解，失去一大笔钱肯定很心痛！但是这样的经历应该让他停下来像其他数以百万计的幸福的股票持有者一样去投资吗？我的答案是：不！

一个例子：人们长达几十年都在Dr. Oetker买披萨。他们觉得这家公司的披萨很美味并且是它忠实的顾客。他们相信这家公司能生产出来和冷冻披萨一样美味的披萨。他们相信自己不会被毒死。当这家披萨店的竞争对手做出来的披萨一点也不合他们的胃口，或者让他们肚子疼并且腹泻的时候，他们更乐意去买

① 德国分数为1-6分制，1分为优秀，5分表示不及格。——译者注

Dr. Oetker的披萨了。没有人会因为这辈子吃了一个不好吃的披萨就再也不吃披萨。但是很多人会因为在股市赔了一次钱之后就再也不买Dr. Oetker的股票。

你要允许自己犯错。当你想要成长的时候，你甚至难免犯错，作为一个人，作为投资者。但是有些错误是可以被规避的，这也是你读这本书的原因。

24 不要盲目相信银行

如果你不把钱藏在床垫下面，而是存到银行里面，会发生什么？你的钱会老老实实待在某个保险柜里面然后等着你来把它取走吗？不会的。银行会用你的钱来做一些事情，做一些他们想做的事情，而你毫不知情。

在我们继续之前，我们必须插入一个小插曲。你当然可以信任储蓄银行里面的穆勒先生或者韦伯女士。有可能他们曾是你父母或者祖父母的理财顾问，你觉得他们非常友善并且有能力。当然了，在所有的银行都有这样的工作人员，他们花费心思给你提供理性的理财建议。但是这些建议总是和他们银行所提供的理财产品挂钩。如果这家银行没有提供这款理财产品，即使他们想推荐给你，他们也无法做到。

我想建议你有意识地去应对银行的理财建议。一个好的理财顾问会认真对待你并总是考虑你的利益最大化，不管你是带着10欧元还是一百万欧元去找他。不然的话我建议你：当你感到自己没有被认真对待时，立刻离开。一个只有当你的资产到了一定的金额时才认真对待你的理财顾问不配打理你的财产。

我们刚才讲到哪里了？对了，银行会拿着你的钱做他们想做的事情。当你新开了一个活期存款账户时，你就和银行签订了一个协议，协议上面写着：我们，银行，向你保证，你随时都能够拿到自己的钱。不管你是在街上的百货商场里用银行卡付款，还是在加利福尼亚、冰岛或者巴勒曼海滩上的自动取款机旁边取走你的钱。

这是协议的一个侧面，在这个侧面你的利益被保证。另一个你不了解的侧面：银行用这种保证换取了用你的金钱去做他们想做的事情的权利。好吧，也不是想做什么就做什么，国家给这份自由划定了一个界限，这样就能够保证银

行不会滥用你的金钱，从而保护你不受损失。以前银行以利息的形式支付一定的补偿，现在当你把钱留在银行时，你甚至还要为此支付一定的费用。人们称之为惩罚利率。

你之所以把钱留在银行，是因为你随时都可以把它取回，所以你相当于把钱借给了银行。这种情况下，你给予了银行无条件的信任，而银行并不配得到这份信任。

如果你的朋友在周末的时候向你借50欧元，你可能还会问：“你想拿这笔钱做什么？买东西还是救助流浪狗？”根据对方的回答，你会决定是否把这笔钱借给他。

尝试问一下银行的理财顾问，他们会拿这笔钱来做什么？详细到每一欧元。在99%的银行你都没有这样的机会，因为简单来说，你没有知道这些的法律权利。你不知道，银行有可能把你的钱用在了名贵木材的国际交易中，即便你反对热带雨林的砍伐。尽管你是一名素食主义者，他们也有可能把你的钱投资到了东欧的肉制品交易中。尽管你觉得电动汽车更好，也有可能把你的钱投到了石油开采集团。太狡诈了，不是吗？

我更喜欢这样的银行，他会坦诚地告诉我他把我的钱借给了谁。至少这个银行是诚实的。至少我知道。并且我可以决定：我想不想这样做？

威廉·恩斯特·巴克霍夫（Wilhelm Ernst Barkhoff）——嬉皮士银行家

人们是否能够重新改革像银行一样的几百年的商业，即用一种和过去完全不同的方式去做？可能不行，即使这样，威廉·恩斯特·巴克霍夫还是尝试去做了。

巴克霍夫在第一次世界大战后的鲁尔区长大。他看到了人们为了挣钱如何摧毁了我们生存的大自然。他觉得这不公平。巴克霍夫给自己许下了一个愿景：金钱和大自然不应该是敌对的状态，而应该是同盟。1974年他在波鸿创立了GLS银行，世界上的第一个生态银行。这家银行许诺，把顾客的钱投到一些有益的事情中：可再生能源、可持续农业和社会公益项目。这家银行禁止自己做有关核能、胚胎研究、基因科技或者武器的生意。实话说，在刚开始的时候可能只有几个友善的嬉皮士对这家银行感兴趣。巴克霍夫并没有活着看到围绕着这家银行进行的炒作。他在1994年就去世了。由于这期间人们对气候、自然以及有道德的投资的意识的增强，这家银行吸引到了30万名顾客，银行会告诉他们，他们的钱被用在了哪里，他们非常珍视银行的这一行为。你不必也认同这家银行的愿景，但是在我看来，这是唯一一家能够如此透明地告诉顾客他们的钱流向了何处的银行。

你有一千种把你的金钱借出去的可能性，而你只需要一种

当你把钱留在你的银行账户中时，你就把它借给了银行。银行大体上再用这笔钱去做他们想做的事情。还有一些其他的形式：定期存款、债券、国库券、人寿险、抵押贷款债券、存折、养老基金——大部分都是上一个时代的遗留物。如果你想要比你的父母更加富有，你就不需要它们。你仅仅需要一个活期账户，这就够了。剩下的只会束缚住你的手脚。

比如人寿险，它就是你不需要的东西。在德国，很多人都会认为这是个不错的交易。在德国签订的人寿险合同数量比这个国家的人口还要多。这意味着，有人买了不止一份人寿险。我敢打赌，你的父母都买了人寿险，可能你大部分的朋友也签订了人寿险合同。我怀疑，并不是他们中的所有人都理解他们每个月是为什么支付的这笔钱。人寿险经常被理解成一种死亡保险。人们支付这笔钱，用来保证自己死亡之后，自己的家人能够得到一笔钱。另外还有一种人寿保险，和死亡没有关系。在合同到期之后，所谓的还活着的人可以拿回之前支付的钱。人寿险是一个带有欺骗性名字的产品。就像老婆饼里面没有老婆，蚂蚁上树里面没有蚂蚁一样，人寿险也不能保证你长寿。

人寿险意味着你要把自己的钱在很长的一段时间内借给银行或者保险机构，在最糟糕的情况下是你的一生。可能曾经这是个不错的交易，在那段时间里人们能够从人寿险中得到不少的利息。但是如今你作为投资者要更加的灵活。所以，不要涉足一些需要把钱借出去很长时间的交易。

你刚刚挣到了自己的1000欧元——为此你需要一个活期账户。你可以转账或者接受汇款。在网上银行你可以一天24小时检查自己的账户状态。你可以在世界上的每一个角落取出存款。这就够了。至少对你的第一个1000欧元来说，这已经够了。

26 参与其中而不是站在一旁——为什么参与比借出更有趣

即使人们搞清楚了把钱存在银行里面意味着什么，这仍然没有说服力。你把钱借给银行，你不知道他们要拿这笔钱做什么，甚至你几乎拿不到利息。亲爱的银行，我谢谢你没有给我任何回报。

如果你能够共同决定，你的钱被用来做什么，这样是不是更酷？有这样一个可能性，你既可以从中获取一定的收益，还可以参与一些商业决定。参与到这个公司中去。

想象一下，你有一箱子的现金，数额很大。你不知道拿这些钱来做什么。带到银行去，然后把它们存在一个账户里？不要！把它放在某个保险里？可能之后可以这样做一次。那么你现在要做什么？尤其是当你想要让你的钱增多的时候。你知道在这条街道上有一个非常有人气的面包店。每次当你必须为了你最爱的纽约芝士蛋糕排上15分钟的队时候，你都感到恼火。但是你知道，对这个面包师来说这是件好事，他的生意很好。这也要感谢你，毕竟你每周都要在这里买上一块芝士蛋糕。但是，你在想，这个面包师能做出这么棒的芝士蛋糕，难道没有什么方法能让你也从中获益吗？

你出发了。你打开了面包店的门。离下班还有一段时间，店里面只有你们两个人。你把箱子放在收银台上，向面包师展示里面的金钱。你说：“亲爱的面包师，我想要参与你的生意。”

面包师回答：“为什么呢？”

“因为你做的芝士蛋糕是世界上最好吃的芝士蛋糕。”

“哦！太感谢了。”

“另外，我注意到你在两周之前把店里的墙壁刷成了黄色，这可是我最喜欢的颜色，我很喜欢它。我能看得出来，亲爱的面包师，你一直努力让这家店变得更加漂亮。你还有没有什么尚未实施的计划？”

“我想在这家面包店的后面修建一个阳台。这样当出太阳的时候，来我这里喝咖啡和吃甜点的人就能坐在外面享受阳光了。”

“那是什么阻碍了你的计划呢？”

“我没有足够的钱。”

“您太幸运了，我把我的钱箱带了过来！这里面的钱刚好够修建一个带有椅子、桌子、太阳伞和几株漂亮的植物的阳台。”

“你要把钱借给我吗？”

“不是简单借给你。我想参与到你面包店的生意。”

“这是什么意思？这和借给我有什么区别吗？”

“我把钱给你，这样你可以修建一个阳台。为此我想要拿到一部分面包店赚的钱。这样怎么样，我只要很小的那一部分，就是你每天用我最喜欢的芝士蛋糕赚取的那一部分？很公平，不是吗？”

面包师对你的提议表示同意。他每天把卖芝士蛋糕赚来的那部分钱给你——当然是在去除了成本之后。毕竟你帮他付钱建造了一整个阳台。你们达成一致后签订了协议。其中写着：面包师从你那里拿到建造阳台的钱，他不必一次性把这笔钱还给你。为此你能够参与面包房的交易，你占有了一部分，以每天卖芝士蛋糕赚取的金钱的形式。今天是这样，明天是这样，永远都是这样。

每一次参与都像这个例子一样：一个人有钱，另外一个人需要钱。有钱的这一方参与需要钱的这一方的生意，而不是简单地把钱借出去或者赠送给他。在最好的情况下，双方都能从中获利。在上面的例子中这意味着：多亏了新建的阳台，这家面包店有了更多的顾客。所有人都想要纽约芝士蛋糕。面包师也赚到了很多钱。在一年之内面包师卖出了如此之多的芝士蛋糕（并且把利润划分给了你），一年之后你又拿到了当时给面包师去建阳台的那些钱。从现在开始你赚取利润了。并且是在这个面包店开着的每一天。

当这家面包店规模还不大的时候，你就参与了进来。你相信它未来生意会更好。你没有欺骗自己，你的直觉是对的！

故事在最好的情况下是这样子的。

在最坏的情况下，你把这箱钱留给了面包师，第二天面包师没有去工作。门上有张纸条，上面写着：“因为庆祝关门几天。”你等了一周、一个月、一年。你再也没有见到过这个面包师。他带着你的钱逃跑了。他留下的面包店破产了，于是你所拥有的那一部分也失去了价值。他不再卖芝士蛋糕，你损失了这部分钱。

在现实中，情况可能介于两者之间。为了你获利比损失至少要多一次，我想给你几个建议。你也需要它们。因为在你的箱子里（活期账户中）还没有足够多的金钱，让你能够帮你最爱的面包师扩建一个阳台。目前你的账户中只有100欧元。你想用这100欧元赚到1000欧元。

我们可以做到。现在你需要第一次参与一家公司的交易。

27 只买你能理解的东西

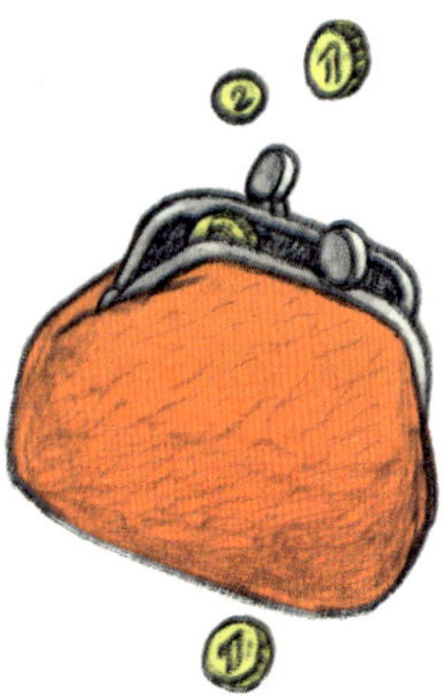

在本书的第一章，我向你介绍了两个在商业领域变得富有的人。史蒂夫·乔布斯，全世界都为他发明的iPhone而疯狂。Shiny Flakes，在他的儿童房间内开展了非法的国际毒品交易。其中一个人发明了所有人都想要的东西。另外一个人用很多人都认为值钱的东西做交易，因为他们在亚马逊买不到这种东西。我们从这两个人身上能学到的是，他们变得富有的道路对我们来说并没有很大的借鉴意义：普通的普通人，既没有能够改变世界的发明，也不想成为“青少年毒品教主”的犯罪能量。

但是我们普通人也想变得富有。我们应该怎么做呢？我们可以从一个男人开始，他在他的一生中既没有发明什么革命性的东西，也从未交易很多人都愿意为之支付的商品。一个白手起家，成为世界上最富有的人的男人。或者换句话说：他通过参与其他公司的交易从而赚到了无数的钱。

沃伦·巴菲特——天生的投资者

有些人还在摇篮里的时候就注定能够变得富有。沃伦·巴菲特就是这样一个例子。1936年，在他6岁的时候，他用25美分买了六瓶装的可口可乐，然后拆开按照每瓶10美分的价格出售。15岁的时候他买了一台游戏机，然后有偿把它放在了一家理发店。17岁的时候他花350美元买了一台坏掉的劳斯莱斯，然后仔细修了一遍，以35美元每天的价格出租。32岁的时候他成为百万富翁。他买下了纺织厂伯克希尔·哈撒韦并一步一步把它变成了一家投资公司。巴菲特开始通过这家公司大规模地交易股票。他是价值投资最著名的代表人物。他一直遵循着三个简单的规则。第一，他只投资那些商业模式能被他理解的公司。第二，他只投资经济状况较好的公司。好的营业额，好的资本，很少的负债。第三，他只投资那些公司负责人有能力且诚实的公司。巴菲特尝试借助这三个规则找到一些公司，他当下能够便宜买入它们的股份，然后持有几十年，在这期间这个公司持续发展，最后他再以高价卖出股份。

如今，巴菲特作为亿万富翁，他仍然生活在一个1958年买的小房子里。他生活简单，大部分的钱都被他投入了基金会。巴菲特基金会在全世界范围内资助避孕工具并且帮助女性安全堕胎。至今，巴菲特仍每天早餐吃冰激凌、喝可乐，并且为之感到骄傲。他曾经说过："六岁以下的孩子死亡率是最低的，所以我决定像他们一样进食。"

如果我们要从中学到一个道理，那就是：只买那些你信任的和你理解的公司的股份。

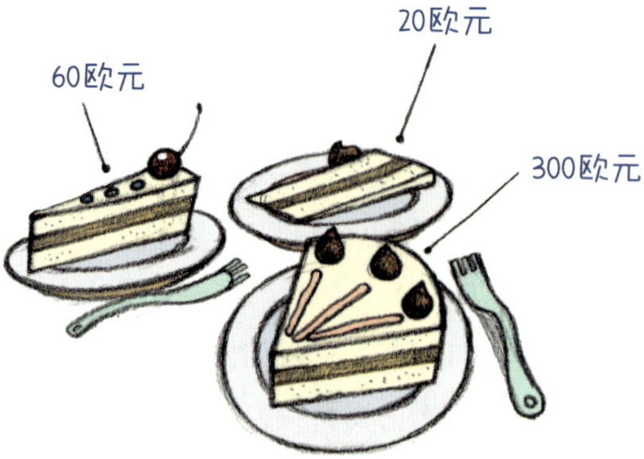

什么是股票？28

最简单的，也是你可能参与一个公司交易的方式就是：股票。如果你买了一份股票，你就拥有了这个公司很小很小很小很小的一部分。形象一点就是：比如你在股票交易所买了多特蒙德或者曼联的一份股票，可能你最喜欢的足球运动员的半个指甲盖就属于你了。

如果你是沙尔克的粉丝或者支持利物浦俱乐部，请不要因为这个例子感到生气：你在交易所买不到这两个俱乐部的股份，它们的组织架构并不是股份有限公司，也就是不是我们所说的AG。如果是我的话，我一定会选择拜仁俱乐部。虽然在我写这本书的时候，它是一个股份公司，并且人们能够购买它的股票。但是拜仁俱乐部的股份并不在交易所被交易。也就是说，作为个人，人们无法购买它的股票。你能够买一家公司的股票，前提是这家公司决定个人也能够参股。拜仁俱乐部仅仅把它们的股份卖给像联盟（Allianz）这样的大投资者。然而拜仁俱乐部只是一个例外。大多数发行股票的公司会面向所有人发行。

当你买了大众汽车的一份股票时，那么按照上面的说法，你就拥有了沃尔夫斯堡工厂里的一个螺丝。如果你买阿迪达斯的一份股票，你可能就拥有了一根鞋带；如果是星巴克的一份股票，那么可能你就拥有了星巴克的一颗咖啡豆。事实上，这些要复杂得多，而且你买一份股票就能拥有的可能比上面我们举的例子更少——但是让我们先从咖啡豆、鞋带和指甲盖说起。

一份股票本质上是一份证明，证明你拥有这个公司的一部分。一份证书，就像这样：在此本公司证明，股票持有者拥有我们公司的很小很小很小很小的一部分。

股票持有代表了对公司未来的信心。现在你买一份股票，因为你相信这家公司的股票价格还会上涨，并且你之后能够高价卖出。你做这些，是因为你相信这家公司的市值还会增加，它会变得更加成功。比如你相信星巴克，因为人们都喜欢喝咖啡，并且他们可能会一直喜欢。有可能哪天科学家发表了一份革命性的研究，研究证明：咖啡让人变得愚蠢。于是越来越少的人去星巴克，越来越多的人卖出星巴克的股票价格。它的股票价格就会下跌。

世界上最便宜的股票可能一份也就值几分之一美分。目前世界上最贵的股票，也就是巴菲特投资基金伯克希尔·哈撒韦的股票，每份股票值几十万美元。在2021年5月份，它的价值为429296.7295美元。人们之所以知道得这么清楚，是因为这个数字造成了一个很大的问题。它是当时交易所运行软件所能展示的最大数值。当时的程序在技术上还没有能力展示更大的数值。由于巴菲特的巨贵股票，交易所最后不得不安装更新后的软件。

一份股票价值多少，仅仅看一份股票的价值，并不能说明任何问题。首先不能说明这家公司的经营状况。公司可以自己决定他们发行多少股票。沃伦·巴菲特仅仅发行了极少的股份。他将公司分成很少的份额并将它们提供给交易所。一个公司所谓的股市价值由所有的股票加在一起进行计算。伯克希尔·哈撒韦的一份股票可能比苹果一份股票贵上3000倍。这什么都说明不了。因为苹果做出了不同的决定，它决定把公司分成极多的份额，然后在交易所被交易。总的计算下来，苹果的股市总值要比巴菲特的股市总值更高。听起来很复杂？我们来简化一下。一份金箔牛排价值1000欧元，一个麦当劳巨无霸价值5欧元。一份金箔牛排的价值是一个巨无霸价值的200倍。麦当劳每天卖出几百万个巨无霸，然而每天吃金箔牛排的人数很少。所以，每天世界上所有的巨无霸加起来要比世界上所有的金箔牛排加起来更贵。但是，在你想着麦当劳巨无霸并开始流口水之前，我们要谈论一下，为什么你更应该买一份麦当劳的股份。

29 参股

我深以为你在刚开始的时候应该投资一家公司的股票。首先我认为，你首先要明白，这家公司如何赚钱。哪些数字是重要的，哪些按照你的直觉很重要但是却完全无所谓？我们马上就来谈论这些。

当你拥有了一份股票时，你就会用另一种方式看待这个世界。比如：麦当劳。当你拥有了一份股票时，下次你吃麦当劳的时候就会更具有批判性："这汉堡能让它一年赚几十个亿？"你会在那家麦当劳分店四处环顾并且想："这里也太不舒服了，如果用木头而不是用塑料去装饰墙壁，可能会有更多人来这里吃东西。”你会在汉堡王吃饭然后想到：“这里的汉堡真的更好吃吗？为什么我的朋友都（不）来这里？”有可能你觉得麦当劳只用来自德国农庄的肉很不错；有可能你看到了动物保护协会的一个视频，你看到了德国的牛是如何为了能够更便宜卖出而被大规模饲养，你突然明白了为什么一个巨无霸要5欧元，而旁边街角生态汉堡店的一个汉堡要贵上三倍。当你在国外去麦当劳时，你会注意到：这里的一切都不一样。一个巨无霸只要在德国一半的价钱，或者贵上两倍。

我敢和你打赌：只要你拥有了股票，哪些平时无聊的新闻会突然变得和你在Netflix上面最爱的连续剧一样有趣。因为这些新闻和你的股票相关，也就对你来说意味着一些东西。因为从投资者的角度来看，这些新闻对你是有价值的。

30 你来决定，什么是好的生意

你应该自己去衡量，你是否赞同一家公司赚钱的方式。我个人喜欢能够让这个世界变得更好的公司，以及那些善待员工的公司。我认为，公司被允许利用一切人们想要的商品赚钱。对我来说，汽车和酒也没有关系。即便我认为气候变化和酗酒本身是很糟糕的事情。

你不需要把我的标准变成你的标准。比如一家公司依靠造车赚钱，但是汽车会排放出大量的二氧化碳，如果你觉得这是错误的，那就不要去参与汽车制造商的生意。再比如人们吃汉堡，但是动物会因此受折磨，如果你觉得这是错的，那就远离快餐店。如果你觉得两者都没有什么问题，那就可以参与。你可以拒绝石油开采[1]等这样的商业模式，你也可以觉得它们很棒。很多行业没有对错之分，大部分情况下这取决于你认为它对还是错。经常两方都有很好的论点，首先跟从你的直觉，去了解更多的信息，然后再做出决定。

① 环境保护在德国是一个非常有争议的话题。——译者注

31 用母亲的“身份”投资

遗憾的是，只有当你“具有投资行为能力”时，你才被允许在德国交易股票。在你成年之后就可以进行交易。在18岁生日之前，你可以先设立一个所谓的“小样账户”。你可以在那里练习交易股票。这样做的好处是：即便你搞得一团糟，并且最后造成了损失，你什么都不会失去。你仅仅用一个虚拟数字在交易，而不是真金白银。这样做的坏处在于：收益同样也是虚拟的，你什么都拿不到。

所以我建议你，去问问你的父母，他们是否愿意给你开一个账户。请他们往里转入你已经赚到的100欧元，然后让你进行交易操作。

当你的父母觉得这不是一个好主意的时候，你可以先妥协。你先操作三到六个月的小样账户，然后向他们定期报告情况如何。这样你的父母就会意识到：你是认真的。你会关注经济和政治，以及相关的新闻。我很确定：你一定能以这样的方式说服你心有疑虑的父母。

㉜ 用一句话解释清楚一家公司的赚钱方式

每个人都知道世界上最著名、最成功以及最大的公司是怎么赚钱的。麦当劳靠售卖巨无霸赚钱。苹果售卖iPhone。特斯拉、大众和丰田售卖汽车。沙特阿美和埃克森美孚出售石油和天然气。可口可乐公司出售可口可乐。亚马逊售卖所有商品。

想象一下：你现在有火星视野。你的视野比一般的投资者都更加辽阔。它不会被局限在一个城市，也不会被局限在德国。整个世界都在你的视野之内。现在你想寻找一家可以参与其交易的公司，这样的视野不一定让你的行动变得更加容易。

你是否要买这家公司的股票？你要想的第一个标准是：你能否在5分钟的搜索之后说出它是怎么赚钱的？

如果不能，那就算了。将这家公司从你无限长的公司名单上划去，这些公司来自全世界各地。

如果可以，那么你有了一家候选公司。

下一步你还要搜索更多的信息。我们对公司的收支更感兴趣。数字、数字、数字。但是不要担心，理解这些数字并不困难，你不需要拥有黑客的技术或者获取一些秘密信息的渠道。你只需要用谷歌一起搜索公司的名字和下面的关键词：营业额、利润、自有资金。你应该很容易就能找到这些数字。如果不行的话，将这家公司从你的候选公司名单上划去。你没有找到这家公司的数据，并不代表这家公司想要隐瞒什么，或者它快要破产了。这样做仅仅是为了让你的第一次参与更加容易。不要为难自己。如果你需要超过5分钟的时间来找到这三个数据——营业额、利润、自有资金，那就换一家公司，你能更容易找到它的这些数据。

33 让我们赚钱吧：营业额

麦当劳售卖巨无霸，苹果售卖iPhone，特斯拉公司售卖汽车。你已经理解了这些公司是怎样赚钱的。你能用一句话概括他们的商业模式。至少理论上是这样的。现在我们要探索：这种商业模式可行吗？这家公司事实上真的赚钱吗？最重要的数字是营业额。简单来说，这个数字代表了进入公司的资金量。

你的面包师可能每年售出3000块纽约芝士蛋糕，每一块芝士蛋糕价格为3欧元。这样他每年的营业额就是9000欧元。

城市里的IMAX电影院可能每年售出50万张电影票，如果每张电影票的价格是10欧元，那么这家电影院的营业额就是500万欧元。如果每一个来看电影的人再花上10欧元购买爆米花、玉米片和可乐，它的营业额就会翻倍。也就是说，这家电影院每年的营业额为1000万欧元。

如果一个汽车公司每年卖出100万辆汽车，每辆汽车价格为30000欧元，那么总营业额就是300亿欧元。

对我们来说，营业额的大小并不重要。仅仅因为300亿比3000万更多，你不能从中推断出它就更好。只要还有金钱在流入这家公司，我们就可以推测，这家公司经营状况良好。当营业额每年都在增长的时候，我们可能更安全。如果这家公司一年比一年赚更多的钱——也就是有更多的营业额，那么这家公司就在发展。现在你再去看我们举的例子，你就可以从营业额的变化中读出：面包店、电影院以及汽车公司，它们在继续发展吗？或者购买它们提供商品的人变得越来越少？

这里有一条金科玉律：如果营业额在过去的三年内都在增长，这是好现象。如果在过去的五年内都在增长，那就更好了。你已经知道这个规律了，如果它在过去的20年、50年甚至100年都在增长，太棒了！（请不要高估过去几年连续增长这件事情的意义：一个刚刚成立五年的初创公司，还不至于已经开始着手准备它的100周年纪念日。但是没有关系。只要营业额在过去的几年内处于增长状态，对你的第一次参与来说，它就仍然是一个好的候选公司。）

34 好债，坏债：利润

为了赚钱，所有的公司都必须支出。面包师要付面包店的租金，他必须买来面粉，还要支付给其他制作面包的工作人员工资。一辆汽车的原材料主要是钢、铁和铝。汽车制造商必须买来这些原材料，同时他还要给那些把原材料加工成汽车零件的人支付工资，还有那些把汽车零件组装成汽车的人。还有那些为了把汽车卖出去想出一些机智的、滑稽的或者愚蠢的广告创意的人。造一辆汽车比做一个面包要贵得多。造一百万辆汽车和做一百万个面包更是不可同日而语。

一个面包店或者一家汽车制造商，他们都必须把这些支出从营业额中扣除掉：原材料支出，人力支出，以及租金、税和一长串的其他支出。在公司将支出从营业额中扣除之后，我们就得到了一个数字：利润。当然，这只是简化之后的说法。

有些公司的利润很低，有些公司的利润很高。也有一些公司根本没有利润，甚至是负利润：亏损。他们的支出要高于营业额。你现在可能在想：当然了，你说的不就是市中心那些关门的商店吗？这些商店过去可能由一个根本不会算数的失败者经营。我并不这么认为。

我认为，这些商店长时间盈利，他们不知道如何应对亏损。

你在日常生活中就已经知道的赫赫有名的很多企业，他们也会亏损：比如Snapchat几乎没赚过一美元。Spotify和Uber[①]也是。特斯拉曾经是世界上最有价值的汽车制造商——尽管它曾经有过高达几十亿美元的亏损。尽管如此，并没有人会害怕Snapchat、Spotify、Uber和特斯拉这些大公司第二天就会破产。那么这些公司是骗子吗？是背后空无一物的炒作？这些在你听起来是不是十分的奇怪？如果你把这些公司和你的生活做对比的话，我就能理解你为什么会感到奇怪。如果你的支出比你的收入要多，这显然不是一件好事。尤其是当你用这些钱去买酒、点外卖或者购买游戏中的装备箱时。这些都是一些很容易就失去价值的商品：当你喝完一捆啤酒时，你会把它直接扔掉。你吃完了你买的泰式咖

① Snapchat是社交软件，Spotify是音乐软件，Uber是打车软件。——译者注

喱饭，打开了你的装备箱，然后呢？它们变得毫无价值。如果你破产了，然后去贷款接着买更多的啤酒、泰式咖喱饭和装备箱，你真是太蠢了。不好意思！我们这样表述：你借了很蠢的一笔贷款：坏债。

但是如果你几年后一起和你的男朋友或者女朋友买了一套公寓？为了买这套公寓，你们也要贷款。之前你们要支付房租，现在你们需要还贷款：也就是银行借给你们的钱。区别在于：总有一天你们会还完贷款，那个时候这套公寓就属于你们了。你们不再需要支付租金，如果你们不分开的话，一直到你们生命结束，你们都不再需要支付租金。值得高兴的是，你们在那之后不需要把你们的房产归还给某个房产公司或者赠送给国家。你们可以把你们的公寓赠送给自己的孩子，这样他们也能一辈子不用付租金。你们也可以把房子卖掉。如果倒霉的话，可能这套公寓只比以前贵上了一点点。你们赚到的利润非常小。但是如果房地产市场像现在看上去这样继续发展，你们房子的价值到时候可能是之前的2倍、5倍或者10倍。如果你去贷款置办资产（比如属于你的公寓），你很聪明。这种情况下你的贷款就是一笔好债。

Spotify、特斯拉和Snapchat也是这样做的。它们现在贷款，是为了在未来能够赚上很多钱。Spotify买下巨贵的音乐版权。特斯拉修建巨大的汽车工厂并且进

行一些耗费巨额资金的研究。Snapchat用更多的支出来让更多人知道并使用这款软件。用这款软件的人越多，Snapchat向投放广告的商家收取的广告费也就越多。

但是你该如何去判断，谁在具有前瞻性地为未来投资，谁在吹嘘？你该怎样才能知道，你赌哪家公司会让你盈利呢？谁借了聪明的债，谁欠了一屁股蠢债？简而言之，忘掉利润。这个数字也什么都没有办法说明。那些没有任何利润的公司，要么会破产，要么会变得富有。它们可能是在为了未来投资，也有可能什么都没有。要么在创新，要么就是懒惰。或者在某个折中一点的位置。

如果你理解了一家公司的商业模式，并且能够从它的营业额中读出，这家公司的经营状况还可以，现在你还需要检查一个数字：自有资本。

35 我的，我的，真的是我的吗？自有资本

你一定知道一些冒牌货的故事。也就是那些吹嘘自己的人，实际上它根本就没有这么多资产：租来的法拉利，用偷来的信用卡支付的牡蛎和香槟，另外还有借来的香奈儿礼服或者汤姆福特的西装。所有的冒牌货总有一天会被戳破，因为他们忽略了一个根本的规则：人们需要实实在在的自有资本，不然早晚有一天一切都会破灭。

有些公司也是冒牌货。简单来说，当它们的负债比财产还要多的时候，它们不久就会破产。换句话说，如果没有实实在在的东西，再好看的外壳都会坍塌。冒牌货们用的是法拉利、牡蛎和香奈儿的礼服，和他们本质相同的公司则通过“财产资本”（Aktiva）和“负债资本”（Passiva）来衡量。

这家公司总部所在的大楼是否是这家公司的房产？大堂里的沙发和桌子是它偷来的、租来的或者借来的？这家公司CEO坐的那辆车是这家公司的财产吗？这家公司是否收集艺术品？它的产品是否拥有版权？它是否能够独家提供某个产品或者某项服务？关于产权，比较有名的例子是可口可乐严格保守的配料表和巨无霸的酱料。这家公司还有没有钱可以使用？它有没有存下来一些钱来应对紧急情况？

如果你搜索的时候发现这家公司的自有资本为零，甚至为负——快跑！（你应该也能在几分钟之内找到这个数字，如果找不到的话，那就把这家公司从你的候选名单上划掉。）

有很多的企业家是天才的发明家，他们能发明出天才般的产品，但是对如何赚钱一无所知。对经济一无所知的发明家是艺术家。在这里，艺术家并不是褒义。我坚信：和仅仅知道如何赚钱一样，仅仅想出一个产品用处很小。人们需要两者。这些公司的CEO们是仅仅有一个想法还是拥有完善的计划，你可以从他们的自有资本看出来，看他们的自有资本是正还是负。

扬·马萨莱克和马库斯·布劳恩
——坠落的超级明星

Wirecard曾经是慕尼黑一家小的金融服务机构。在互联网刚刚兴起的那几年，Wirecard也支持Visa和Mastercard并不提供的一些线上支付服务：博彩和色情片。Wirecard做了一些其他金融服务机构都不愿意做的事情。网上赌博和色情业虽然是暴利的行业，但是十分冒险。这家公司因为开展这样的业务而小有名气。

在老板马库斯·布劳恩，一个德国的经理，和他来自奥地利的得力助手扬·马萨莱克的带领下，这家公司几年后就变成了几个最重要的金融服务机构之一。刚开始是在线上，后来他们的业务发展到了线下。2018年9月，Wirecard被德国股票指数DAX接受。马库斯·布劳恩和他年轻且有魅力的助手扬·马萨莱克成为超级明星——尽管总有一些关于这家公司操控财务和在东亚地区开展不实交易的谣言流出。2020年6月18日，这家公司华丽的外墙坍塌了。它必须承认，他所说的19亿交易额仅仅存在于纸上。

这些钱从来就不存在。很明显，这家公司的老板也知道这件事情。马库斯·布劳恩由于被指控财务造假和操纵市场而被逮捕。扬·马萨莱克从那以后就一直躲避当局的抓捕。针对他的指控有：职业团伙诈骗、严重失信、财务造假以及操纵证券市场。我们能从中学到什么呢？你可以受到成功人士故事的鼓舞，但是请保持质疑。尤其是当这家公司的老板像超级明星一样粉墨登场，并且新闻记者一直对其商业模式的严肃性表示质疑的时候。

36 五条规则：关于如何选出一家合适的公司

1. 理解这家公司如何赚钱。
2. 喜欢或者可以忍受这样的商业模式。
3. 公司的营业额在逐年增加。
4. 现在利润对你来说无所谓。
5. 公司拥有可观的自有资本。

37 你的第一个证券投资组合

永远不要把你的第一个1000欧元放到一个篮子里。否则，当你决策出错的时候，风险太高。尽管你已经遵循了我在之前几页分享的规则，如果你真的把这些都考虑在内，出错的风险会大大降低。但是谁也不能保证绝对不会出错。回想一下你之前认识的冒牌货，谁也没能想到，一切都是他们伪装出来的。这样的事情会一直发生，所以，用你的1000欧元投资三只股票。

你已经知道，当你认为一家公司的商业模式错误时，你就不应该投资这家公司。尽管这种商业模式目前合法且行得通：汽车、酒精、石油。人们可以觉得这种商业模式还不错，但是并不是所有人都必须这样想。人们可以对这种商业模式做出评判，但是并不是所有人都必须做出评判。你自己知道，哪些行业是你唾弃的，哪些行业是你想要支持的。

针对你的头三只股票，你当然可以选择那些很大的企业，那些你在日常生活中就已经了解，并且在你眼中这些企业有着良好的商业模式。你现在已经知道了，你应该如何去判断这家企业的商业模式是否行得通：看一下它的营业额和自有资本。如果你喜欢喝咖啡，并且你认识的很多人也去星巴克买咖啡，你可以选择星巴克。你也可以选择特斯拉、亚马逊、苹果或者微软，因为你注意到：有非常多的人想要买它们的产品。但是我并不推荐你这样做。当你知道这家公司是世界市场上的领头羊时，这意味着世界上的其他人也都知道这件事情。这也意味着：你不可能期待这家企业的股票会大幅上涨。我推荐你选择第二个梯队的公司，可能你知道这家公司，但是不是所有人都知道。如果你对软件感兴趣，你可以选择英伟达（Nvidia）。或者你对西班牙电信（Telefonica）的手机网络信号非常满意，你也可以选择它。或者匡威和新百伦，因为你很喜欢这两个品牌的运动鞋（耐克和阿迪达斯就不一样了：它们的股票不会有大幅度的上涨）。

非常著名的企业的股票一般都很平

稳，它们不会疯了一样上涨。所以你也不要抱有太高的期待。一只这样的股票是你第一次投资的基础，所以你的第一只股票应该是这样的基础股票。不要太多，也不要太少。这种投资非常安全，但是很无聊。你应该把大部分的金钱投入到这样一只股票中。你可以安心把70%的钱放到这只股票里面。

你还应该选择一家能源行业的企业，这个行业决定着未来的经济。你知道的，我们现在用来对抗气候变化的时间已经不多了。不管你是相信我们要通过放弃某些东西，还是通过创新来阻止全球变暖，这其实无所谓。为你的第二只股票寻找一个能够提供解决方法的企业。按照你认为正确的做法，你可以选择一家制造太阳能设备的企业或者一家运营核电站的企业。这家企业应该有坚实的基础，但是同时也能提供令人激动的视角，你会把这个视角和关注全球气候变化的新闻联系在一起。这种联系是怎样的，取决于你的思想，即一个建立在像石油或者天然气这样的化石燃料基础上的世界没有未来。你应该避免这样的公司。第二只股票一方面拥有稳定性，另一方面也有一定的风险，这只股票到最后要么非常出色，要么非常可怕。所以这只股票应该是你三只股票中第二贵的一只。把大概25%的资金放到这只股票里。

你要参与的第三个公司应该由你自己来发现。听从你内心的声音：有没有你很感兴趣，但是别人不感兴趣的事情？有没有什么你比别人了解得要更多？你应该从上一章中就已经知道了，在涉及你的第一个100欧元的那一章中。如果你对这些问题有一个答案，那么事情就好办了，你会很容易找到第三家公司。最好的情况下，这家公司可以为某个日常问题提供一个解决方案。它的想法越疯狂越好。只要你被说服了，那就够了。它离德国马克越远越好，日本、委内瑞拉、尼日利亚，都可以！有可能你现在想着把这笔钱投到疯狂的虚拟数字货币中。这也是你有风险的选择之一，人们很难对其进行预判。在这种情况下，你被允许且应该离开你的舒适区。要么你会发现下一个苹果公司——这真的有可能。要么你只是发现了一家公司，它有着天才的想法，但是做出了愚蠢的决定或者只是时机不对。这家公司要么赚上几十亿，要么会破产。不管怎样，你都参与了。这种风险的股票应该占你第一次投资最小的一部分，5%就够了。

现在你已经完成了自己的第一个投资组合。你参与了三家公司。这样你分散了自己的风险。你认为，应对气候变化将会成为未来几十年内最大的经济性变量。你投资了一家非常稳的公司，但是同时这个投资也有些无聊。另外你还投资了一家有些疯狂但是让人激动的公司。现在你要做的是：等待。即便这有些困难。

38 有点耐心！

在第一次投资就变得富有，这是件不太可能的事情。所以几周之内就变得富有更是一件不可能的事情。但是在你连续几个月关注这些公司后，你会理解一些重要的运作机制：你的预测是正确的吗？那个你依靠商业模式、营业额和自有资本做出的预测。这家公司如何影响这个世界？这个世界又如何影响这家公司？股票什么时候会上涨？什么时候会下跌？

大多数时候股票都会上涨。不管你看的是哪些股票指数（一定数量的公司的股票的综合计算结果）。长期来看（这里的“长期”指的是几十年的时间跨度），股票都会上涨。

你也看到过，股票也会下跌。并且有的时候跌得很厉害，10%，50%，甚至更多。你已经知道了，股票代表着一个公司的价值。公司对世界中发生的事情做出反应，反过来也是一样。当几只股票下跌的时候，可能是公司中的某个人做出了错误的决策。但是当股票整体下跌时，可能是出现了世界性的危机。有的时候可能是战争，或者恐怖袭击的后果。比如在2001年9月11日，美国世界贸易中心遭遇恐怖袭击后在阿富汗以及伊拉克发动战争。

有的时候则是因为某些国家的政府犯了十分严重的错误。有一个历史上的例子你肯定已经知道了：德意志帝国在第一次世界大战期间的贷款。一个比较近的例子是2010年希腊危机。这个国家在当时负债到濒临破产。问题在于：希腊刚刚引进欧元作为支付货币。如果希腊在未来破产的话，欧元也会有很强的波动——以及所有用欧元支付的国家。

有的时候危机源于某个混乱的行业。2007—2008年的世界经济危机就主要是因为银行家向太多的人提供买房子的贷款，后来这些人无法偿还贷款。钱就这样没有了。对所有人都是这样。结果就是，一场席卷全球的经济危机。

有的时候也可能是因为人们对一些事情无能为力。想一下疫情刚刚开始的时候，全球各地都有企业在倒闭，或者企业的生产在缩减，因为在家里面坐着的人们需求在减少。除了快递、线上商店和Netflix等，几乎所有行业的股票都在下跌。

当你看到德国、美国和日本的股票曲线时，你第一眼看到的就是由2008年经济危机造成的低谷。

在这种阶段，我会严格禁止你开一个投资组合账户。因为你刚刚开启你的

15000
10000
5000
0
DAX的股票变化，德国40家大企业的股票指数。
1993
1996
1999
2002
2005
2008
2011
2014
2017
2020

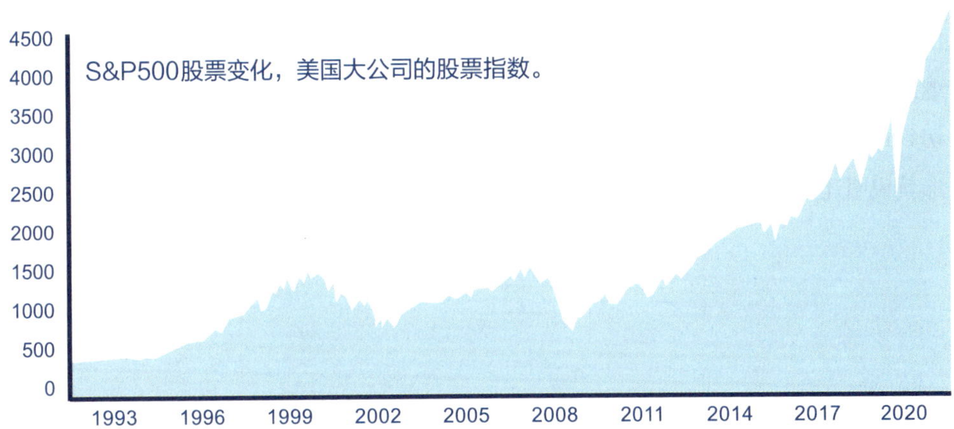
4500
4000
3500
3000
2500
2000
1500
1000
500
0
S&P500股票变化，美国大公司的股票指数。
1993
1996
1999
2002
2005
2008
2011
2014
2017
2020

35000
30000
25000
20000
15000
10000
5000
Nikkei225股票指数，日本大企业的股票指数。
1993
1996
1999
2002
2005
2008
2011
2014
2017
2020

投资者生涯，股票连续几天、几个星期或者几个月下跌会让你变得十分沮丧。但是事实上你不必沮丧。回过头去看，最糟糕的一天将是股票下跌的最后一天。但是当人们身陷其中的时候，人们看不到这一点。你不信？最后看一次DAX，S&P500以及Nikkei的股票曲线。和人相比，比如造成世界经济危机的银行家，数字不会骗人。

参与股市就像爱情。想要爱情的人就必须接受，爱情并不总是存在。你必须接受，你的爱并不是总能得到回应。但是在你失望一次之后，你也不会停止继续寻找伟大的爱情。俗话说的好：一切到最后都会好起来。如果还没好起来，那就说明还没到结束的时候。

39 犒劳自己

你完成了这件事情！你已经踏出了通往百万富翁的前几步。在你前面的是什么？给自己一些奖励。从你的积蓄中拿出一些钱，去买你一直想要的运动鞋或者手提包。满足自己一个或大或小的愿望。你值得这些——我发自内心这样觉得。

假设我们每个人都能拿到无条件的基本工资，结果会怎样？

当我写这本书的时候，格茨·维尔纳去世了，它是制药公司DM的创始人，享年78岁。他给我们留下了令人称赞的事业——以及一个他毕生都热衷的想法：无条件的基本收入。这背后的理念是：每个人从出生起就能够每个月拿到满足温饱的收入，为此人们什么都不用做。一直到你离开这个世界都是这样。这个想法很伟大，难道不是吗？

我知道，有很多人都想要实行无条件的基本收入，但是格茨·维尔纳绝对是最著名的那个。他也从来不动摇自己革命性的理念。因为不管什么时候人们想要谈论无条件基本收入，总会有人说："这会摧毁经济以及整个社会。""因为人们会变得懒惰，他们什么都不做了。"他们说。

这个理念背后隐藏着什么？在我眼中这是一个好的想法吗？怎么去论证这些一再出现的反对意见事实上的不堪一击？

当我们说到基本收入时，我们实际上说的是一笔能够满足居住和吃喝的金钱。你是否还能想起来，这样马斯洛提出的需求金字塔中的第一层就能被满足。除此之外，没有更多的东西。但是，也不能比这个水平更低。只要没有人挨饿或者受冻，这就够了。能发生的最糟糕的事情就是：我们让人们失去了生存的恐惧。人们为何要反对这件事情呢？说真的，我也不知道。

第一个反对的论据是：人们会变得懒惰。我不这样认为。在这里我们说的仅仅是基本收入。可以吃饱，有地方住。

我认为，人们想要的比这更多。他们想要攀登马斯洛金字塔：他们想要和朋友见面、聚餐以及去度假。为此他们仍然会去工作，可能工作的时间会变短。如果人们不用为租金和每个月采购食物的金钱而发愁，他们就有更多的时间在养老院陪伴孤独的老人，和这些老人一起做樱桃蛋糕和咖啡。也有可能他们会在动物园做志愿者，或者只做一些让自己感到快乐的事情，如画画、制作瓷器、学一门乐器。人们拥有更多的时间去做更美好的事情。如果事业对一个人很重要，他自然会、也当然被允许继续工作。

第二个反对的论据是：基本收入太贵了。一个国家承担不起这样额外的支出。当然了。但是不是额外，以格茨·维尔纳为代表，人们提出的这个想法是指：如果引入基本收入，从出生起人们就能拿到这样一笔钱，那么像联邦教育资助①以及儿童和失业补贴等其他的社会福利就会被取消。国家退休金也会被取消。对此我必须说：几十年之后的德国，我们不管怎样都会有很多的退休老人，国家无法再负担起国家退休金。不少退休者如今只能领到几百块的退休金。对他们来说，基本收入或许比退休金更多——以及随之而来的得到保障的生活质量。

第三个反对的论据是：当每个人都能拿到用来生存的钱时，他们就不再愿意做他们现在做的糟糕的工作，因为没有人愿意做这些工作。除去这个言论本身所带有的歧视性意味，它是有道理的。但是我相信，我们在此处说的都是一些要濒临“死亡”的工作，可以被机器人所替代的工作：长途运输司机、超市收银员、清洁工。我相信，当他们的基本需求因基本收入而得到保障的时候，做这些工作的人很愿意将他们的工作交给机器人，当我们把格茨·维尔纳的梦想变成现实的时候，我们等来的会是什么？

① 联邦教育资助是德国奖学金的一种形式。——译者注

第三章

时间跨度：5–15年

第一个10000欧元

为了组织你的金钱，你需要什么

为什么你永远不应该在证券市场上陷入恐慌

为什么你应该在全世界范围内进行投资

40

不要忘记你从哪里来

你的新目标是：第一个10000欧元。为此我要在这一章向你介绍一个新工具。并且帮你回忆一些旧的工具，你在更大的金额中也可以使用之前的这些工具。10%规则，你新的最喜欢的字母W和B，以及关于营业额、利润和自有资本的知识，你要使用这些知识去判断一家公司成功与否。

你在前面的章节中已经学习了这么多的知识，真是太棒了。你的投资组合中现在有三只股票。一方面，我当然希望你的股票能够赚钱。另一方面，我希望你不要失去理智。当你买的股票下跌的时候，我希望你不要沮丧，不要把这本书当成厕纸使用。坚持下去，保持平静。我向你保证，在证券市场上一切都会好起来。只是这需要花一些时间。即使你经历了一些非常跌宕起伏的阶段，或者情况非常不乐观，也不要让自己疯掉。坚持下去！

对于我来说，同样重要的还有：当股票情况很好的时候，不要贪婪。当你三只股票中的一只情况非常乐观，但是其他两只并不乐观时，不要犯下一个错误：把另外两只卖掉，然后把鸡蛋全都放到一只篮子里。不要高估自己，坚持你的原则。不要突然去投资那些你曾经嗤之以鼻的行业、产品或者服务，就因为你觉得这只股票能上涨一到两个百分点。在对待金钱这一方面，高估自己并犯下错误的人比你想象的多得多。一些最令人痛惜的例子就是中彩票的人，他们在几个月内将自己的利润挥霍一空，因为他们根本不知道，怎么才能长期保持富有。

我们想要避免的是所谓的“第三次开车综合征”。我是指什么呢？你刚拿到你的驾照。你已经有过两次控制汽车方向盘的经验。到现在为止没有出任何岔子。你知道该怎样开闪光灯，该怎样使用雨刷。你知道哪个踏板是刹车，哪个踏板是油门。你知道交通规则，右转先于左转，红灯的时候要停下，转弯的时候要先看一下后视镜。从理论上来讲，你已经知道了一切，实际上你也已经驾驶过两次你的汽车，并且过程很顺利。你觉得你简直是天生的驾驶员，你本来可以直接去应聘长途驾驶员，而且可以成为那种轻轻松松驾驶18个小时，中间连厕所也不用去的长途驾驶员。或者你甚至都能作为赛车手去比赛了。你带着这种想法开始了你的第三次驾驶之旅。你刹车的时候太急了，一次，两次，三次。你忘记了开闪光灯，并且在停车的时候撞到了花园篱笆上。你高估了自己，因为你太自以为是了。你认为自己知道了一切。你认为再没有人能教你一些东西。

在驾校的时候有一个好处，你身边坐着一个教练。当你忘记刹车的时候，他会帮助你。但是在投资的时候可没有一个老师坐在你身边。当你合上这本书的时候，我就走了。你现在只能靠你自己。所以，千万不要在投资的时候犯下像第三次驾驶时那样的错误。

41 你的簿记：为什么你需要三个账户

当你开始积累你的10000欧元时，你会察觉到：对自己所有的金钱有一个大概的了解是一件困难的事情。在这期间，你账户中的钱会有很多变动。你通过做喜欢的事情赚到一些钱，这些钱会进入你的账户。在这些钱中，你拿出来10%存起来，方便你之后拿来去投资股票。仅仅这一步操作就可能导致混乱。你需要秩序。你需要更多的账户。也就是三个：一个活期账户，一个参与投资的股票账户，一个10%账户。

你的活期账户可以被用来支撑你的日常生活。你可以用这些钱去购物、支付租金、去小酒馆喝一杯啤酒或者在咖啡馆喝杯茶。所有你赚到的钱都会被存进这个账户：你的零花钱、圣诞节红包、生日红包以及你从第一次交易中赚来的钱。

面对进入你的日常账户中的每一笔钱，你都要将其中的10%转入你的10%账户。10%仅仅是一个最低的界限，你也可以转进去更多的钱。比如每个月底剩下的所有钱。但是不可以比10%更少，把10%作为一个最低的目标。我建议，你可以坚持每个月存进去10%，这比你一下子把新年红包全都存进去要更好。

在你的第三个账户——一个股票账户内，你操作股票。你可以买进和卖出它们，简而言之：你在这个账户内进行交易。

活期储蓄账户，股票账户，10%账户——你可以在同一家银行开这三个账户。如果你想要能够一眼看到你所有的财富，我建议你这样做。或者如果你想让这三个账户更加独立，你也可以选择三家不同的银行。比如，如果你把这三个账户放在同一家银行，你就倾向于更加频繁地转移这些金钱。如果你的日常账户不够用了，也千万不要打10%账户的主意。如果你的日常账户余额显示为零，那么你就没钱了——尽管你的10%账户里面还有几千欧元——或者在你的股票账户里面，这样就更好了。严格遵守你的簿记！

我们赚钱的目的不是为了赚更多的钱。更多，更多，更多，这是胡扯。我们想要让赚钱成为一种乐趣。另外，金钱可以带给你的生活以及他人的生活更多的意义。所以，尝试在你的脑海中给你的账户起名字，这些名字会给你带来美好的感觉。不要起这样的名字：账户1，账户2，账户3。用你喜欢的东西给你的日常账户命名：土耳其烤肉饼账户，阿佩罗[①]账户，电影院账户。用你的一个梦想给你的10%账户命名，这样你的眼前就有了一个清晰的目标，你就有了

① 阿佩罗是一种酒。——译者注

每个月存下这么多钱的动力：法拉利账户，马尔代夫账户，提前退休账户。如果我举的例子没有一个能够引起你的共鸣，没有关系。你已经知道了这背后的想法：面对像钱这样抽象的事物，尽可能具体且贴近日常地将它与你所需要的东西联系起来，这对你会有所帮助。简而言之，为了在日常生活中变得愉悦。长期来看，法拉利、马尔代夫度假或者提前退休这样的形式，或者其他能够提供给你更多动力的事物，它们可以在日常生活中给予你放弃一些事情的动力，这样你在未来可以拥有更多。

42 头三只股票（可能）不会让你变得富有

这三只股票中有一只让你变得富有的概率是多大呢？你买了一家公司的股票，这家公司在几个星期、几个月或者几年之内市值就翻了100倍，这有多大的可能性？诚实点来讲：很小。极小。

如果你真的是这样一个幸运的孩子，你买的三只股票内有一只、两只或者三只全都翻了几百倍，一定要打电话给我。或者给我发一封邮件。如果你的直觉真的这么准的话，比起你向我学习，我能从你身上学到更多的东西。对其他所有人来说，包括我在内，这句话同样适用：没有人可以保证利用交易股票变得富有。我们只能提升利用股票变得富有的可能性。具体该怎样做？分散风险。我们把钱放到不同的公司股票中。尽管你只买了三家公司的股票，其中一只下跌对你来说大概率无所谓。第二只和第三只股票会补偿你的损失。因此，我们在第二章的时候就已经达成一致：你会将你第一个1000欧元中的一大部分都投入到一只无聊但是非常安全的股票中。仅仅用很小一部分去买一只令人兴奋但是十分冒险的股票。现在你还是青少年，你拿着自己的第一笔钱开始了你的投资生涯，在第一只股票中你损失了100欧元，在第二只股票中你赚到了150欧元，这些都无所谓。但是下面这种情况并不是无所谓：你手中有50欧元的存款，但是一只股票就让你损失了100000欧元。这可能真的就是你自己太愚蠢了。因为你忘记了投资最重要的原则：分散风险！

在你投资生涯的这个阶段，你被允许犯错。你甚至必须犯错。这个过程是这样的：你现在的资金有限，你能积累起来的财富也很少，但是如果你之后想用更多的资金积累更多的财富的话，至少现在你可以积累一些之后需要的经验。

43

聪明的学习，愚蠢的学习

我们人类有两种学习方式：愚蠢的学习方式和聪明的学习方式。愚蠢的学习意味着：快速记忆所有的东西，在某个场合调用一次这些知识，然后忘掉。我一定不会告诉你，人们在哪里会被迫用这种方式去学习。

我认为聪明的学习方式更好。在很长时间内关注一个主题——自愿且远离强迫——与此同时，你会自然而然对这个主题有更深刻的理解。只有你花了时间，你才会对这个主题有一个更温和的，以及最重要的——属于自己的看法。这本书遵循的就是这个原则。对你的头三只股票，这意味着：如果你在投资的过程中感觉良好，那就保持忠诚。诚实点来说，如果有一只股票上涨了30%，然后你把它卖掉赚到了一笔钱，这笔钱只会被你挥霍掉。而你交易这只股票的过程，以及在这个过程中关注的东西，它是怎样上涨以及下跌的，这些知识会跟随你一生。

44

鲜红的警示灯——在现实中却不值一提

当一只股票下跌了50%时，大多数的投资者都开始变得紧张兮兮。这还只是一种委婉的表达方式。更接近现实的描述应该是：在他们的脑门上会出现一盏鲜红的警示灯！注意！恐慌模式！注意！注意！

有些投资人在这种情况下会卖掉他们持有的所有股票。与此同时损失惨重。与之相比，你更聪明。

你不会陷入恐慌。你保持镇定。甚至将股票下跌作为一个礼物——并且持续买入股票。将它想象成百货商场中的特价商品：在香蕉或者酸奶的价格下降之后，它变坏了吗？希望没有。可能没有。此时仅仅是它的价格下调了50%：一个不错的选择。

你可以用你已有的知识去分析这次股票下跌的原因。自从你买了这只股票，你就一直密切关注这家公司的新闻。你知道这家公司现在发展得怎样。你知道它有什么计划。你知道这家公司的CEO想将这家公司带向何处。如果你仍然相信这家公司，股价的下跌实际上是送给你的一个礼物。它不应该惊吓到你，而应让你更有动力。你是否还记得：大部分的股票都会从一次股价下跌中缓过来。回过头去看，股票价格处于最低谷的那一天恰恰是股票开始上涨的前一天。

45 从现在开始是值得的：你的第一次分红

有些公司赚的钱太多了，它们有一天可能会想，它们该拿这些钱怎么办。他们已经为产品生产买了最先进的机器，在公司总部已经拥有了最贵的设计款沙发和巨大的艺术收藏品。他们已经把公司大楼中的用电全都转换成生态电能，并且还送给了每个员工一台电动汽车。他们在过去的几年内已经为员工提薪三次，并且组织了一次去巴哈马群岛的旅行。这种情况下，他们仍然还有钱剩下，这时他们就会把钱支付给参与他们公司股票的投资者。支付给你。这笔钱被称作分红。

坦率来讲，有些公司在大笔的金钱面前缺乏想象力，所以它们才会支付给投资者分红——这是比较刻薄的一种诠释。友善一点的诠释是这样的：这家公司非常地友善，它很高兴你能够用自己的钱投资它的交易，于是它想要给你奖励。它以分红的方式表达了自己的酬谢，同时你也见证了它商业上的成功。

就像在生活中一样，事实永远位于

刻薄的诠释和友善的诠释两者中间：有一些公司赚到了多到你无法想象的钱。他们想要赚更多的钱。当这些公司支付分红的时候，其实这是一种对投资者的额外激励。当你作为投资者想要在来自同一个行业两家相似的公司中做出抉择时，你可能会去看：哪家公司给了分红？哪一家没有给分红？在这之后你会做出选择。

假设你现在拥有一家公司价值100万欧元的股份。这家公司决定每年向投资者支付5%的分红。这样你每年就能拿到5万欧元。仅仅靠这样一笔钱你就能过上不错的生活。靠分红来生活的梦想我们之后还会再谈到。

有可能你拿到的分红数额更小一些。你可能持有的股票价值是100欧元，每年你能够拿到5欧元的分红。那么你要用这很小的一笔分红来做什么？

我会建议你直接把它拿来投资。我是指，你接着用它来买股票。但是我也知道，最开始的时候你需要一些成功的经历来激励自己。我想用这本书达成的最后一个目标是：你会成为一个努力存钱的德国人。

不如我们来达成一个约定？你会拿出分红的一半进行挥霍，但是另外一半你要拿来再投资。

46

必要的“救命钱”

我向你保证，我想在这本书中向你指明一条可计划的通往财富的道路。当一切都运作良好，并且没有复杂情况出现的时候，我们就会成功。我向你保证，这很简单。

但是我不能向你保证，当情况变得糟糕的时候，你还会轻易地成功。很遗憾，这种情况有可能会出现。你的生命中可能会发生一些糟糕的烂事，这些事情让人变得紧张。你该如何应对你爱的人的去世、应对失恋的烦恼或者其他的恐惧，对此懂得更多的作家会写出一些伟大的作品。但是我能够帮助你应对你生命中的经济低谷，这些经济上的打击往往是命运带来的。

生命中有很多可能出现差错的事情：你可能会无意撞坏你租来的汽车。你可能会丢掉你的工作。你的洗衣机可能会散架，水会把房屋的地板泡坏。什么事情都有可能发生。但是事情一旦发生，一切都会为时已晚。你现在要为未来做一些准备，这样坏掉的汽车、丢掉的工作和被水泡坏的地板都不会让你失眠。

你需要坚实的储蓄。一份应对紧急情况的储备。一个应对紧急状况的账户。比如，这可以是另外一个活期账户或者

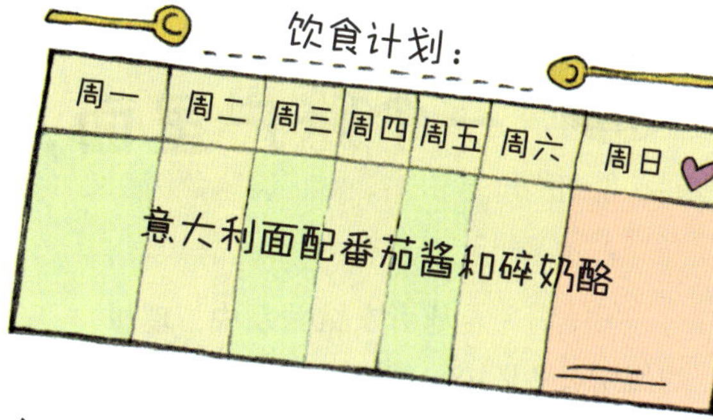

一个旧的存折。不管你将它命名为什么，它都意味着一件事情：这是你不到万不得已不能动的钱。即便当你预感证券市场形势一片大好的时候，你也不能拿这些钱来投资。这份坚实的储蓄只有一个目的，在你现在不能预料的一些紧急情况发生的时候，它仍然能够保证你生活的稳定。

经济上的紧急情况就像失恋的烦恼。它们在第一时间都会让人感到痛苦，在分开的时刻，在绝对的紧急情况下。但是，失恋的烦恼可能会在两天后仍然存在，有时甚至会持续上几周或者几个月。在你失恋了之后，你还有你的朋友、你的家人、你最喜欢的音乐和电视剧。所有你在这个场景中去求助的事物，都是你在之前的生命中建立起来的。你在之前的生命中建立起来的这种事物越多，你就跌得越轻，失恋带给你的打击就越小。经济上的紧张时刻也是如此。如果你丢掉了你的工作，你会在被解雇的那一刻感到很伤心。两天之后你仍然会伤心，你意识到，没有工作就意味着没有了薪水。几周过后你会意识到，没有薪水这件事情会给你的生活带来很多局限：可能你不得不换掉住的舒服的公寓，或者只能吃意大利面。但是如果你有一份坚实的储蓄，你就会跌得轻一些，失去工作的打击就会更小。

一份能够支撑你度过两个月的储蓄已经不错。三个月更好。六个月简直就是奢侈品。我知道，存钱并且不能用这些钱去买一些美好的事物，或者为了让金钱增加而拿它们进行投资，这很是让人烦恼。但是相信我，当你知道，紧急情况下能用的一笔钱就静静地躺在你的银行账户里时，你也会更安心地入睡。

47 为什么人们不仅能把金钱放到一个账户里面，而且可以相信它

在伴侣关系或者友谊关系中，理想的信任水平是100。当你的男朋友或者女朋友向你保证，晚上会回家时，你完全信任对方。你确信，你的好伙计会把你借给他的10欧元还给你。当别人让你感到失望的时候，信任水平会下降。当别人经常让你失望时，信任水平就会一直降低。当信任值归零的时候，你就会结束这段关系。

你不会再借钱给那个借钱不还的好朋友。你会把每个月都忘记交房租的舍友赶出去。当你发现，你的丈夫赌博成性，并且在一次赌博中输掉了你们的车子和房子时，你就会和他离婚。

在所有涉及金钱的关系中，情况都应该与上面相反。最开始你对对方的信任水平应该为零。所有想和你建立起经济上的关系的对象都必须首先努力获取你的信任。换句话说：他们必须往你的信任账户中充值。你应该牢牢记住这个规则。在这一章，尤其是接下来的章节中，我们所涉及的投资金额更大，所以这一点非常重要：只相信那些在之前往你的“信任账户”中充值过的人。

在本书的开始，也就是在序言中，我向你快速讲述了一遍我的人生。我之所以认为把这一部分放在开始非常重要，因为我相信：在你相信我向你讲述的每个字之前，你应该先认识我。我的目的就是，在你相信我的讲述之前，先往你的信任账户中进行充值。

很糟糕的一点是，大多数想要帮助你理财的人并没有那么友善。没有公司、银行或者投资顾问会来找你，只为了向你证明，你应该信任他们。你必须自己去搜索。你要去确认一家银行是否有德国的银行经营许可证。一家公司是否有可观的自有资本。

只有一群人会朝你大喊：相信我！我会让你变得富有！这都是一群冒牌货。在油管上总是有这样一群人，他们在淡绿色的兰博基尼前面一边摆着姿势，一边说着：你想变得富有吗？每个人都可以！我向你保证！为此你只需要支付4999欧元来购买我的课程。

一条送给你的金科玉律：只要有人向你大喊，他是多么的严肃，他准保你能赚钱——赶紧跑。

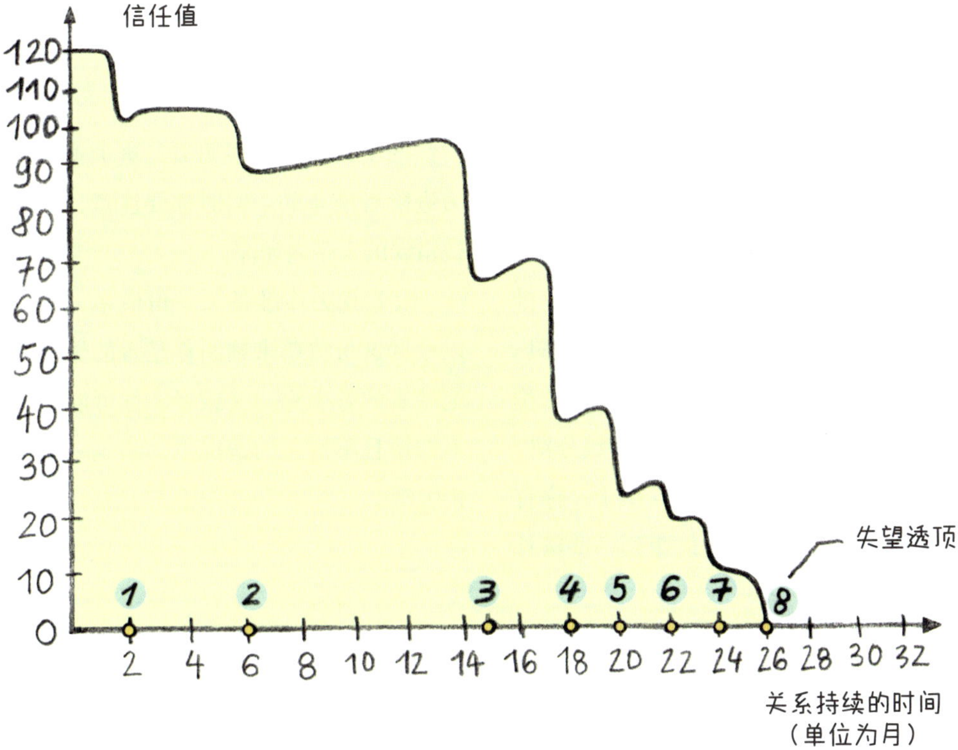

1 你的伴侣向你保证会喜欢你的宠物。

2 ……请你去看电影，但是没有带钱。

3 ……约好一起吃你做的晚餐，但是迟到了一个半小时。

4 ……在你生日这一天去看望他的/她的母亲。

5 ……没有读这本书。

6 ……在派对上乱搞，并且在他的朋友面前贬低你。

7 ……当你和他/她调情的时候，他/她只知道看手机。

8 你逮住他/她在和别人约会。

48 结构化销售——进阶者的额外收入

当你认真对待投资这件事情（这已经不再是一个假设，不然你也不会一直读到这里）时，你肯定会遇到一些人，他们向你介绍一些赚钱的超级系统：推销营养品、保险、护肤品、厨房用具。在这里，我说的是结构化销售。别的称呼还有：直销、网格化销售、多级分销。

对我而言很重要的一点在于，你首先看到的是一个能够让你赚到一些额外的钱的工具。但是很明显，这个工具是为进阶者准备的。同时你要注意，不要被错误的人带入泥潭。

因此我为你准备了一份清单，你可以根据这份清单来判断你是否能做成一笔诚实的好生意。又或者，你可能会在不知情且不情愿的情况下，陷入一个传销组织。

- 你销售的是实实在在的产品。这个产品对人们有利。你能用一句话或者两句话讲清楚这个产品的好处。
- 该产品的好处已经被独立机构（比如 Stiftung Warentest 或者 TÜV）所认证。在搜索资料的过程中，你没有发现这个产品的可疑点。创始人没有犯罪历史。参与过此产品销售的人没有发出警告。
- 参与此产品的销售十分简单。你不需要投入一大笔钱。最好的情况下：不收取任何费用。
- 不要提前支付太多。具体点来讲就是：你买了10000份维生素药片。只有你把它们全都卖光的时候，你才能赚到钱。但是如果你卖不出去的话，你只能承担它们的成本。
- 你可以随时离开。
- 没有人一直撺掇你拉别人加入。你也不会因为拉别人加入而赚钱。

如果你没有办法确认它是否满足其中的几个点——那就算了。不要做。我知道，就像在标题中说的，进阶者才能参与直销。这是一方面。另一方面，很有可能你知道Tupperware，这是一种塑料或者玻璃的分装盒，你可以用它来保存几乎一切东西。或者Vorwerk公司的吸尘器。大部分的分装盒和吸尘器都是依靠直销被卖出去。一些独立的销售可能会组织一场小的派对，他们带上分装盒和吸尘器，然后在派对上称赞这个产品的好处，这些好处一般无法被辩驳，很多独立的机构已经证明了这个吸尘器的效果有多好，分装盒能够装多少东西。

总而言之，直销并不一定是一件坏事。恰恰相反，这原本是一个额外赚取金钱的好机会。但是我要再嘱咐你一遍，一定要用上面的清单去做出判断。如果没有坏处，只是一笔额外收入，那就去做吧。

萨拉·布雷克里
——最年轻的十亿富翁

如果萨拉·布雷克里考上了法学院，这个世界就会错失一位伟大的女企业家。为了寻找一个新的视角，布雷克里在20世纪90年代中期在佛罗里达开始以直销的模式售卖传真机。她一家挨着一家推销这款产品，这是一份非常辛苦的工作，但是这让她变得极其成功。25岁的时候她就已经成为美国最顶尖的传真机直销市场销售。在湿热的佛罗里达州的直销之旅让她非常的生气，因为她必须穿着当时销售都要穿的连裤袜。太热，而且不舒服。反正就是很让人恼火。当时并没有其他的选择，于是她想到了一个主意：如果没有让我喜欢且能够满足我需求的连裤袜，可能其他女性也是这样。如果没有一条这样的连裤袜，那我可以自己设计一条。布雷克里用一年半的时间研究自己的斯班克斯连裤袜的原型。当她第一次把做好的商品放到电商平台时，在6分钟内她卖出了8000条连裤袜。那时著名的主持人奥普拉·温弗瑞把斯班克斯列为她的年度个人好物，这番言论为这个产品带来了巨大的好处。2013年，仅仅在布雷克里制作出斯班克斯原型15年后，她就成为史上最年轻的白手起家的十亿富翁。布雷克里从来没有忘记那些相信自己的人。她于2021年把公司的大部分股份卖给了一个大的投资公司，同时她送给每个员工两张头等舱的机票，他们可以自由选择目的地。布雷克里一直把实现员工的梦想放在心上——作为帮助她实现梦想的感谢。

49

用你的钱去投资人工智能和生态猪肉

在证券市场会出现不同的天气状况。当股票下跌的时候，暴风雨会来临。当股票一直上涨时，就会给人一种夏天永远也不会结束的感觉。

人们从中得出的简单结论可能是：暴风雨来临的时候，日子也会变得艰难。这个时候待在家里：打开游戏机或者电视剧，屏蔽外部世界。当太阳出来的时候，一切都会好起来。然后出去享受生活。在现实生活中，这样做没有什么不对。但是在证券市场中，情况有些不同。不管暴风雨还是风和日丽，每一种天气状况都有可能是赚钱的机会。唯一的前提是：你必须分散风险。也就是：投资不同的行业。金融专家会称之为资产配置。

想象一下，明天所有的政府都会禁止使用利用石油和天然气制造出来的电能。后天所有用石油和天然气赚钱的公司都会破产，同时那些制造太阳能设备以及风力发电设备的公司会像疯了一样变得富有。当一方在证券市场失败时，也就意味着另一方会获利。知道这些对你来说很重要，你要将其为己所用。你可以尽可能“矛盾地”进行投资。也就是，同时往石油公司和制造太阳能设备的初创公司进行投资。往一些像人工智能这样比较抽象的行业进行投资，同时也投资像生态猪肉这样的实业。同时投资雨伞和雪糕店，泳衣和冲锋衣，跑车和自行车。

投资像做菜：为基金选择正确的配料

上一章中我鼓励你投资三只股票。你应该学习股票是怎样运作的。学习这个世界如何影响证券市场，以及反过来证券市场如何影响这个世界。你最应该学习的应该是分散自己的风险。前面的章节中我们打下了一些投资的基础。现在我们要将它们运用到更大金额的投资中。

你不应该用你的第一个10000欧元投资三只股票，更形象一点来讲，应该用它投资几百家制造雨伞的企业和雪糕店。投资几千家造跑车的企业和自行车制造商。公司越多，单个投资的风险就越小。

现在你有一个机会，你可以把学校、职业教育或者大学学习都抛在一边，同时停止一切社交活动，这样你一天就有20个小时去观察上千只股票。这是非常累的一件事。所以，把你的钱交给做这些事情的人：选择、观察、买入和卖出股票的人。你把你的钱放到了一个基金里面，也就是一个由很多股票组成的金融产品。这里我们区分三种管理基金的方式。或者说，由谁来管理：

- 一个活的基金经理
- 机器人基金经理
- 交易所交易基金，也就是所谓的ETF

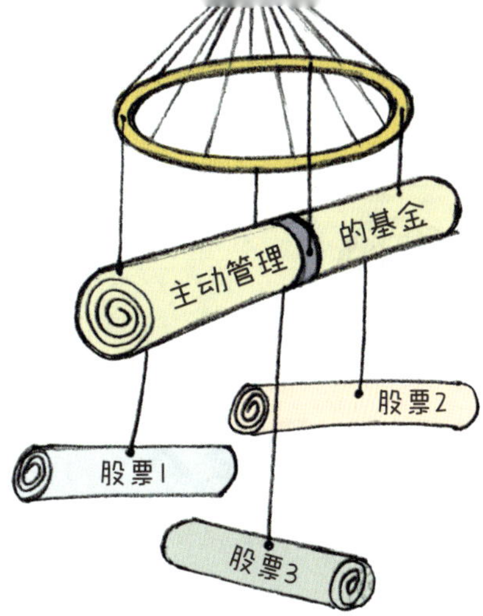

51 活的基金经理

从理论上来讲，你可以支付给某个人钱，让他为你寻找股票，买入、观察，并在上涨的时候卖出的一位基金经理。像沃伦·巴菲特一样的人。或者某个在伦敦或者巴黎精英学校读过书的人，他已经有了20年的工作经验并且以比别人提前知道股票的交易秘密而出名。你可以雇来这样一个人为你投资。从理论上来讲是这样的。而实际上你必须支付给这样的一个专家百万薪资，三辆公务车以及出差时为购买头等舱飞机票而准备的无限额信用卡。我们可以这样表述：如果你不是世界上最富有的十个人之一，这对你来说太贵了。对我来说也是。对所有不属于这十分之一的剩下的人都是这样。

一个对你而言比较现实的操作方式是，投资一个由专业人士开设的基金——这家公司不是为某一个十亿富翁而开设的，所有人都能投资：也就是所谓的主动管理型基金。

每一个设立自己基金的专业人士都有自己成功的秘诀。有些人依靠生产像黄金这样原材料的公司。还有些能够辨别出哪些公司在如今大大被低估。尽管它的数据或者商业模式都指向另外一个事实：这家公司未来会像火箭一样起飞！

其他的基金经理投资大都市里面的房地产。他们买入房屋、办公楼和公寓，因为他们相信几个月或者几年后他们能以更高的价格卖出。他们想要资产增值，并在等待的过程中收取房租。另外也有人专攻医药科技这一个领域，或者精通某个经济空间，如欧洲、亚洲或者南美洲。当然，他们中的每个人都相信自己能够找到变得极其富有的路径。

这些基金经理中的少数人也真的做到了：他们变得非常富有——那些相信他们并把钱托付给他们的人也变得很富有。但是，像他们这样的人也会犯错。对不起，但是绝大多数的主动管理型基金都是破烂。这是由人们的天性和事实决定的。没有人能够百分之百地预测世界的经济会如何发展。没有人了解每一个公司，没有人准确地知道1962年2月份秘鲁的小麦价格或者当下美元和欧元的换算汇率小数点后的35位。人类不是全知全能的。软件能做到这些。

52

投资机器人

请你想象一下人工智能，一款电脑程序，它拥有通往这个世界上所有金融信息的入口。所有的股票，现在的和历史上的。所有关于某个公司或者CEO的文章或者记录。每一件商品的价格，每一项服务以及每一种原材料。刚正不阿的人工智能，它不被像恐惧或者贪婪这样的情感所影响。它总是能够依据事实理性地做出判断。它总是在最佳的时间点买进和卖出。这样的人工智能原本应该是最完美的投资者，不是吗？

有可能有一天人工智能会发展到这个地步。但是现在人类仍然比机器更有优势。为什么？人类有可以听从的“肚子里的感觉”（Bauchgefühl）。它可能做出后来被验证为正确的投资，尽管电脑的几个衡量指标显示这笔投资成功的可能性极其微小——所以不要买。人们可以称这种“肚子里的感觉”为直觉或者本能。因此，迄今为止仍然没有能够超越人类思考的机器人基金经理。

这种状况会持续下去吗？我也不知道。在互联网出现之前我做梦都没有想到，我在几秒钟之内可以调出世界上每一只股票的发展曲线或者汇率。或者在两分钟内了解到关于来自波兰或者南非的一家运动机械制造商的一切。非常有可能有一天人们不再需要活的基金经理，电脑可以更好地胜任这份工作。这一天什么时候到来，我也无法预测。

53 无忧篮子：交易所交易基金（ETF）

在人类基金经理和机器人基金经理之外还有一种可能性：投资ETF，也就是所谓的交易所交易基金。用ETF你可以简单地或者说像傻瓜一样投资上百只，或者上千只股票，而且你不用为每一只股票担忧。听起来是不是很舒服？

事实确实是这样。现在我们要知道一些基本的原理。我们最好先明白，ETF在你的投资账户中看起来是什么样子的。

每一个ETF会有一个所谓的指数。你已经知道德国股票指数DAX了。这个指数包含了40家主要的德国企业，你可以买它们的股票。在美国，这个指数被称为道·琼斯指数（Dow Jones），它包含了30家主要的美国企业。“切，”你在想，“30或者40家公司——太无聊了！”你想要在全世界范围内投资。100只股票，500只股票，1000只股票。非常好！你已经理解了ETF的目的：它包含了整个市场。比如STOXX Europe 600就包含了来自比利时、丹麦、德国、芬兰、法国、爱尔兰、意大利、卢森堡、荷兰、挪威、奥地利、波兰、葡萄牙、瑞典、瑞士、西班牙以及英国的最大的600家企业。比如MSCI World包含了1600家你可以购买股票的企业——1600！如果明天10家公司倒闭了，你什么都不会察觉到，因为剩下的企业平衡掉了这些损失。

UCITS这个缩写代表“可转让证券集体投资承诺指令”（Undertakings for Collective Investments in Transferable Securities）。这是一项投资规定，它规定了在欧盟范围内对投资者的保护。这意味着，你放进ETF里面的钱会由供应商或者银行保存在一个所谓的专项基金内。也就是说，银行倒闭之后，你的钱还是安全的。它不属于银行的财产，因此也不能在破产的时候被抵押。

在德国，金融有一点像啤酒。只有酿酒厂酿造出来的啤酒符合德国的纯净啤酒法，才能在啤酒瓶子上印上“啤酒”的标签。“啤酒”中只能含有麦芽、啤酒花和纯净水。也有一种“金融纯净法”：只有当ETF中的钱被放到了一个专项基金中时，供应商或者银行才能在上面标注“ETF”。注意这个细节。不管是啤酒还是金钱。

ETF名称的这一部分解释了该ETF是用何种货币被交易的。你最常见的是美元或者欧元，两种货币都可以。

你已经知道了，有些公司会给自己的股东分红。这些分红和其他所有交易中的收益一样可以直接支付给你。

在ETFs中有两种处理分红的方式。所谓的累积型ETF，缩写为ACC（Accumulating），在这种ETF中，分红会被直接拿来进行投资，也就是买新的股票。缩写为DIS（Distributing）的ETF会把收益直接转到你的账户。两者没有哪一种更好。我觉得其中一个更好，你可能觉得另外一个更好。所以，选择你认为正确的就可以。但是你知道我现在要说什么：如果选择将分红直接转到自己的账户，记得留出来一半再进行投资。

ETF的另一个优势是：你可以把它和储蓄计划关联起来。当你还没有一大笔钱来买股票的时候，你可以做一个储蓄计划。然后让其中的一部分每个月自动转入ETF做投资。你越早开始，你在其中待的时间越长，你就能赚越多的钱，而且你还不用做很多事情。

你应该在最后一句话下面画上三四次线，一个字、一个字地读，在一旁用鲜花和红心进行标注。为什么？我这就给你解释。

54

世界第八大奇迹

不存在开始投资的完美时间。最好的时间就是现在。正如一位金融专家所说的，你在“市场里”的时间越长，你就越能从一个迷人的效应中获利：复利效应。

据说，物理学家阿尔伯特·爱因斯坦（有着卷曲的头发，往外吐舌头的那一位）曾经说过：“复利效应是世界第八大奇迹。”这句话是什么意思？让我借助另外一个非常著名的男人来解释这句话：耶稣。

设想一下，如果耶稣的父母，玛丽亚和约瑟夫，在耶稣出生之后也就是2000年前直接在伯利恒开设了一个储蓄账户。玛丽亚和约瑟夫是如此的贫穷，以至于他们只能和小耶稣住在一个马厩中，而不是五星级的酒店，所以他们也只能存进去几分钱。伯利恒储蓄银行柜台后面的工作人员给他们每年5%的利息。

让我们快进一点，100年，500年，2000年——一直到今天。耶稣的重重重重重孙收到了伯利恒储蓄银行的一封信：“我们发现了耶稣的账户！您作为合法的继承人，请抽时间过来取走利息。”

这位重重重重重孙坐上飞机，给自己点了一杯番茄汁和一袋薯片，然后开始计算：0.01欧元 × 5%利息 × 2000年。他很失望地得到了一个很小的数字。但是当他抵达伯利恒之后，储蓄银行的工作人员向他介绍了另一种计算方式。这位重重重重重孙忘记了，已经到手的利息还能再生利息，然后利滚利。这位工作人员拿出了一张巨大的纸，他在上面为耶稣的重重重重重孙画了一张表格。

启动资金	0.01欧元
50年后的复利	0.11欧元
250年后	1983欧元
500年后	39亿欧元
1000年后	15万亿欧元

如果伯利恒储蓄银行的这位工作人员继续算下去，大概在1500年原本的一分钱现在的价值就像一个地球那么大的黄金做的球。

在1750年就已经相当于140000个这样的金球。到现在，2000年，原本耶稣的父母存进去的1分钱，已经价值2800亿个这样的金球，每一个球都像地球这么大。不知道爱因斯坦是否能想象出一个由这么多星球大的金球组成的宇宙。但是你已经大概了解了他说的复利是“世界第八大奇迹”是什么意思。

这对你来说意味着什么？利息和复

利——或者说你会再拿来进行投资的回报——是你最好的朋友。

你还年轻，你的投资生涯才刚刚开始。虽然没有2000年，但是50年，60年或者80年总有了。

想象一下，你从20岁开始每个月往一个正规的股票基金存150欧元。你每年拿到8%的回报率，你会把这8%再进行投资——那么你从现在到退休存进了90000欧元。但是这期间你把所有得到的回报都进行了投资，那么50年后你将拥有1070128.95欧元。这不是什么玩笑。也不会出现计算错误。这样你就能拿到之前10倍的钱。恭喜你。你现在是百万富翁了。

如果你想要更快地达成这个目标，或者对我的以及别人的关于ETF之外更激动人心的投资感兴趣的话——接着读下去。我现在想要十分认真地夸奖你：三只股票，另外还有散落在世界各地的股票基金以及一个存有两个月净收入的坚实储蓄——你现在已经在经济上比绝大部分的德国人都要好得多（或许比你父母的经济状况还要好）。

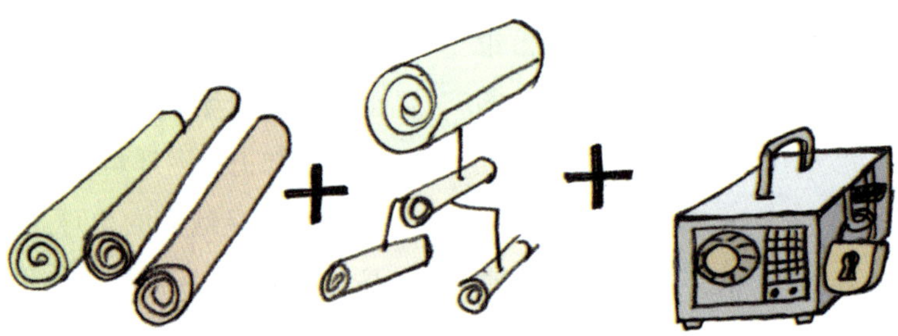

3只股票　　ETF　　“钢铁”储蓄

假设我们不用支付税，会怎样？

税收就是抢劫——你肯定听说过这句话。好笑的是，这句话起初是由一位教堂哲学家托马斯·阿奎那说的。他生活在13世纪的意大利，整天无所事事，思考人类的本质，思考人类的愿望和欲望，思考这些对像他一样的天主教徒意味着什么。只是：他的经济来源恰恰是教堂的税收，那些信徒必须要上缴的钱。

税收是抢劫——我毫不认同这个观点。当你被允许缴税的时候，你应该是幸福的。因为，第一，税收会被用于警察、法院等社会公益事务，以及那些真正需要国家保护的人，如穷人、病人和孩子。第二，反正你也是用利润来缴税。你在证券市场赚了钱，然后必须以资本利得税或结算税的形式上缴其中的一部分——高兴一点！你本身赚了钱！

但是我还是认为：德国对工资收入的征税太多。所得税的免税额只有不到10000欧元。这意味着：第一个10000欧元不用缴税，之后则必须缴税。如果你赚的钱比较少，那么缴纳的税收大概是你税前工资的四分之一。如果你赚的钱比较多，比如50000欧元左右，那么缴纳的税收大概是10000欧元到这个数额的三分之一。如果你赚更多的钱，你就要从60000欧元收入起缴纳所谓的最高税率。这种所谓的累进税率也是德国有这么多“黑工”的原因之一。也就是从来不向税务局报告的工作：给公寓刷漆、打扫房屋、修建花园等。据估计，仅仅在德国，国家每年会因为黑工少收35000亿欧元的税收。

我的想法是：50000欧元以内的收入都应该免除征税。当人们要缴纳的税变少了时，德国的大多数人就会有更多的钱。当他们有了更多的钱，他们会做什么？他们会花更多的钱时。他们会去买iPhone、生态牛油果、书、游戏机和汽车。他们会更经常去电影院、去按摩或者去漂白牙齿。这些消费会带动国家的收入，因为大部分的商品和服务都要缴纳增值税。为了能补偿国家在工资所得这一部分失去的收入，人们可以提高增值税——比如25%。这些钱仍然到了国家手里，只是通过另一种方式。

大部分的黑工会立刻消失。当人们想尽办法要欺骗的税务局消失了时，人们也就不用再逃税了。当然了，成千上万的税务顾问和税务员会失业，同时失业的还有税务局那些负责中低收入人群税收的官员。这会变得很糟糕吗？看上去是的。但是我有一个可以让这些人再就业的主意。我们可以将他们培训成为“私有化仲裁员”，这是我给这份职业起的名字。我马上会向你解释这是什么意思。

我认为，在德国只有很少的事情应该且只能由国家负责：内政安全，外交安全等，也就是警察和军事，立法和司法。给予社会中的弱势群体支持，像穷人、孩子和病人。在这些领域内，人们不能做交易，更不应该从中获利。

我们所有人都会通过提高的增值税来提供经济支持。给警察、法官、战士、幼儿园、社会福利住宅、高水平的医疗机构。那些真的赚得很多钱的人，他们从50000欧元的年收入开始额外缴纳个人所得税。

至于其他的事物，在德国我们可以将其私有化，至少部分私有化。这意味着，我们向国家提出："亲爱的国家，你不必承担这些任务。把这些任务交给个人或者公司吧。"我认为，在下面这些完全无害的例子上，我们肯定能达成一致。如果在城市最美丽、最干净、绿化最好的公园入口立着一个牌子，上面写着"奥乐齐兄弟公园"或者"Zalando公园"[①]，这会影响到你吗？如果拥有宝马公司的科万特家族在德国资助了50家剧院，这对你来说有什么坏处吗？或者汉高（Henkel）家族修建了一条从波罗的海到阿尔卑斯山的快速自行车道？我用这些例子表明了我的观点，我认为如果个人或者公司能够承担一些原本属于国家的任务（如一些娱乐、文化和基础设施），这是一件好事。

注意！这里我要说几个可能会被反驳的例子——如果在公立教育之外也存在"可口可乐文理中学"，"Facebook提供的人工智能学徒工位置"或者由特斯拉赞助的可持续工程学专业，我也觉得没有那么糟糕。

在这里，我们之前提到的失业的税务官员和税务顾问可以重新发挥作用：就像我之前说的，他们会被培训成私有化仲裁员。他们负责下面的事情：在"可口可乐文理中学"不会鼓吹糖的好处。在"Facebook的学徒工"也能了解到人工智能的危险之处。在特斯拉赞助的专业里，人们同样能了解到除了电动汽车还有其他一些替代交通工具。

国家可以把税收用在真正重要的事情上面。个人和公司承担剩下的部分——这一部分持续由我们的私有化仲裁员进行监控。

① 奥乐齐和Zalando均为德国知名企业。——译者注

第四章

时间跨度：10–15年

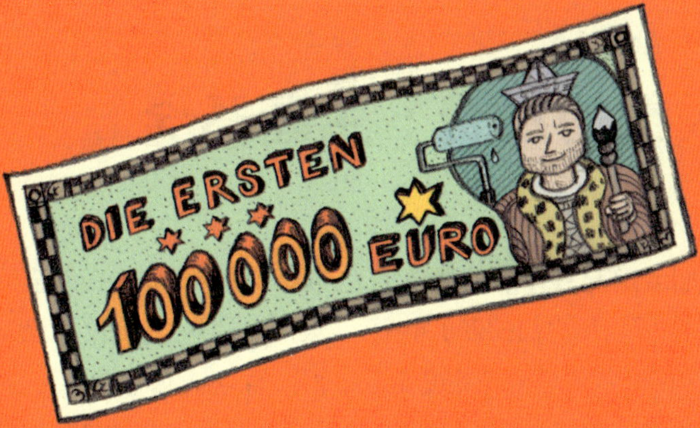

第一个100000欧元

怎样保证你和你的财产的安全

为什么你应该听听老年人的建议

你什么时候应该奖励给自己人生中美好的事物

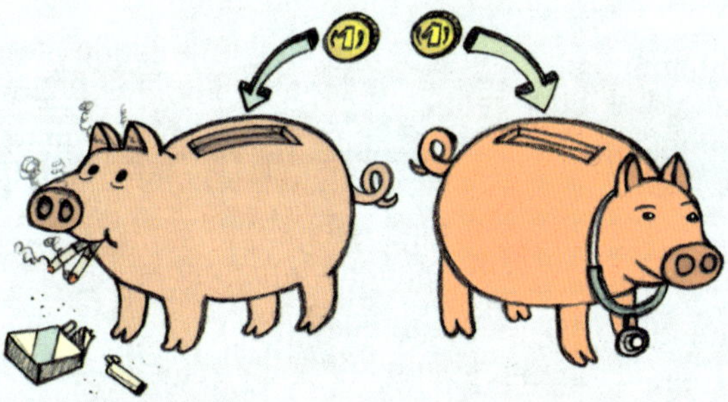

55

专业人士的投资：主题基金

到现在为止，你已经用你的钱做了很多事情。你聪明地用它们投资了单个的股票和分散在世界各处的股票基金。你很耐心地等待这个基金会朝着好的方向发展。现在有了一个新的问题：你要拿第一个10000欧元做什么？你该怎样聪明地用它们来赚更多的钱？你该怎样塑造你的财富？你该怎样控制局面——你怎样让你的金钱为你工作？你该怎样找到一种投资可能性，它能够击败你分散在全球的基金的平均收益？

这一章涉及你该如何更多元地分散你的金钱。在这之前你从来没有这样做过。一方面我们提升回报率，另一方面我们继续降低风险。现在我们要做的不是积累财富，而是保护财富。与变富有同样困难的是保持富有的状态。

我们前面说到，我们想要继续分散风险。因此我建议你，将你金钱的一部分拿来投资所谓的主题基金。比如南美的房地产基金，或者肯尼亚的黄金基金。投资那些未来产业的基金，像医药科技、太阳能设备、电动汽车或者合法化的大麻。有些人信服罪恶基金，也就是那些只投资罪恶的基金，也就是所谓的恶习：酒、烟、博彩、武器。

在这里，让你的道德指南针引领你，我们在前几章已经逐渐拥有了自己的指南针：不要投资任何你觉得不道德、不正确的东西。在这之外就是你能够投资的领域。去做就好了。并且尽可能地拓宽自己投资的领域。夸张一点的说法就是：你往烟草公司的基金投资1欧元的话，你就要往研发治疗肺癌药品的医药公司基金投资1欧元。往太阳能基金投资1欧元，也要往石油基金投资1欧元。你是否还记得我们在上一章讲过：人工智能以及像猪排一样的实业、雨伞工厂以及冰激凌店、跑车和自行车。你不必投资完全相反的基金。就像上面提到的，这只是一种夸张的说法，这样做是为了向你表明一个观点：分散你的风险！

56 高收益债券

高收益债券，英文名字是High-Yield-Bonds，它也有另外一个丑陋的绰号：垃圾债券，或破烂债券。我认为这个绰号有些残忍以及恶毒，因为它把高收益债券能够提供给你的东西挡在了你的视野之外。但是和许多其他残酷而又带有恶意的绰号一样，这个绰号也透露了一个真实的内核。

就像听上去那样，高收益债券是一种可能带给你高回报的一种债券。你是否还记得：至今为止我们之所以觉得债券无聊，是因为我们无法对之抱有期待。和你的父母不同，他们当时还可以用债券挣钱，比如用联邦德国发行的国债。国家在当时向资本市场借钱，并支付5%、8%、11%的利息。真的！在20世纪70年代和80年代还有这种好事。

你现在仍然可以买联邦德国发行的国债。如果你买了1000欧元的国债，然后等上数年，你到最后可能只能获取很少的利润。但是你可以很安全地把本金拿回来。我觉得，至少也得外星人奴役了德国人，这样德国才有可能破产，然后你再也拿不回来这笔钱。用专业的术语来说就是：联邦德国发行的国债有极低的违约风险。但是极低风险的代价就是：几乎没有利息，没有机会拿到收益。

高收益债券是与之不同的一种债券。它绝对存在违约风险。比如一些国家的债券，几乎没有人向你保证你能再见到自己的钱。当风险高的时候，人们必须引诱一些人去投资，用拿到高利息或者“现象级”的利息的机会。拿到收益的机会。

所谓的评级机构会判断，哪些债券几乎没有风险，哪些存在很多风险。与此同时他们也会注意，这些国家在过去发展得如何，并以此来评估现在的风险，而不是评估未来的风险。著名的机构有：穆迪、惠誉国际和标准普尔。在这些机构，你可以分别去搜索现在的评级状况。

这些机构不会对国家进行评级，而是对企业。但是一家机构并不能预测到，一家企业是否会在一年内变成一家市值十亿美元的公司——还是会破产。这些机构也没有能够看到未来的魔法水晶球。

也有一些基金形式的高收益债券。在这些债券中，国家会和公司捆绑在一起。这样就能更好地平衡风险与收益率。比如你可以投资许多所谓的新兴工业化国家的高收益债券。这些国家目前还没有发展到某种程度，落户当地的企业能够进入MSCI世界指数。但是人们相信有一天它们会进入这个指数。

这种聚焦新兴国家的高收益证券也是一种能够补充你的投资组合的有趣选择。它看上去对你来说只是一个另外的主题基金罢了。但是高收益证券绝不能在你的投资组合中占据太重的分量。不然的话就太冒险了。

57

只有真正的金块才是真正值钱的东西

在你开始投资主题基金之前，你必须知道一件事情。在所谓的实体基金和合成基金或者说人工基金之间存在一个差别。

让我借助一个投资的可能性向你解释这件事情，你可以觉得这个可能性非常了不起，也可以认为它很愚蠢。我认为：人们可以去实践这种可能性并得出自己的判断，至少在这一点上它是有趣的。我接下来要说的是虚拟货币（Kryptowährungen）。我已经在前面向你介绍过它的发明者中本聪。

“Krypto”（虚拟）这个词来源于古希腊语，它的意思是“隐藏的”“藏匿的”“加密的”“秘密的”。虚拟货币就是一种加密的电子货币。其基础就是不同的加密算法。请不要问我与之相关的细节，我并不是这个领域的专家。但是我可以告诉你，目前存在超过10000种不同的加密货币。尽管“货币”并不是什么好的概念，因为我们常常把一种货币和国家联系在一起。欧元、日元或者美元都是货币。但是在虚拟货币中更多地涉及电子的有价资产。

这种有价资产从根本上来讲由两部分构成：财产价值本身和背后的科技。人们称之为区块链。你可能已经听说过这个概念。区块链由串联在一起的数字信息块组成，这些信息块不能够被追溯性地改变。相关的信息你可以在很多地方找到。它是一个十分令人激动的主题，未来肯定还会有很多发展的空间。我向你保证！

如果你相信，虚拟货币能够改变金钱运作的方式，改变我们对待金钱的方式——去参与！

只是，你如何找到像比特币一样的数字有价资产？

从理论上来讲，你可以自己挖掘比特币。你手上有很多钱，你在家里组建了一台超级计算机。你的计算机日夜不停地计算、计算、计算。如果你足够幸运的话，你会在15到20年后成功挖到比特币。

但是这几乎不具有实操性。高额的电费，加上你必须在这个过程中更换几次你的超级电脑的硬件。

找到虚拟资产最简单的方式是，在一个正规的虚拟证券所（像Kraken, FTX或者 Coinbase）去买虚拟货币，然后把它们保存在你自己的区块链地址中。最安全的方式是通过硬件，人们也称之为钱包。

对虚拟货币的炒作使我想起来19世纪发生在美国的淘金热——这种对比不是我个人想出来的。只要有人想要解释对虚拟货币的热情，这个例子就会一直被提出来。为此我想向你讲述三个淘金男人的故事，他们中最幸运的偏偏是从来没有从地下挖到金块的那个人。

詹姆斯·马歇尔/约翰·奥古斯特·萨特
——枯竭的梦想

1848年1月24日，木匠詹姆斯·马歇尔想要在加利福尼亚的亚美利加河[①]旁边为一家锯木厂开凿一条排水渠。一开始的时候他十分不确定，在浑浊的水流中他发现的发光的颗粒是什么。这是真的吗？四天后他向自己的老板约翰·奥古斯特·萨特报告了这件事情。锯木厂的老板。他把这些颗粒送去检验。结果出来了，真的是真的：马歇尔发现了金块。

锯木厂的老板萨特下了一个命令：这件事情要保密！但是他允许自己的员工在空余时间继续寻找黄金。当然，几乎没有人守住锯木厂旁边金库的秘密。接下来，在亚美利加河旁边到处都有人在寻找金块。这引发了一次真正的热潮。一开始的时候仅仅是当地的居住者下河挖掘金子。接着来自美国各地的几个人来到加利福尼亚，然后是几十个，最后当美国总统詹姆斯·诺克斯·波尔克公开宣布了这个金库时，成千上万的美国人都来到了这里——美国淘金热开始了。

① 加利福尼亚的一条河流。——译者注

没有人再想为萨特的锯木厂工作，这在最开始的时候并没有影响到他的生活。毕竟金库也让他变得富有。萨特开始挥霍无度。后来他甚至借债来支撑他挥霍的生活方式。他当时已经还不上这些债务。他的农场也在纵火案中被烧毁，他破产了，于是他只能伤心地离开加利福尼亚。

詹姆斯·马歇尔，金块的发现者，不再做领工资的工作并获得了一座金矿。但是很遗憾，在他的金矿中并没有金子。1885年8月10日，在他发现金块40年后，他贫穷地去世了。这是他和剩余成千上万个淘金者的共同命运，他们放弃了之前的生活，想要在加利福尼亚找到金子——但是最后却什么都没有得到。

相反，有一个因此变得富有的人：德国的移民李维·史特劳斯。他发明的产品到现在都被我们熟知且喜欢。他想，如果淘金者整天都泡在水里面挖金子的话，他们需要结实的裤子。让史特劳斯借助淘金者的热情变得富有的裤子，就是我们今天都熟知的李维斯牛仔裤。

我必须承认，上面这则故事是一个小插曲。但是当我们知道了美国淘

金热是怎么回事时，我们就不难理解现在的虚拟货币。

我们从历史的对比中学到的第一个道理就是：只有一个真正的（物理上存在）金块在当时是值钱的东西——到现在还是这样。假冒的金子（人为制造出来）没有任何价值，现在也是这样。夸张并且简化一些来讲，虚拟货币也是一样的道理。

当你在证券交易所买下一个币时，它就属于你了。于是你在物理意义上参与了这种货币的交易。这种投资是有风险的，但是在风险背后隐藏着价值。如果你幸运的话，这笔投资是值得的。我们可以这样讲：激动人心而又真实的风险投资。

另外还存在一种投资，我称之为虚拟货币中的人工投资。这也是同样有风险的，但是完全没有对等的价值。

举个例子，你在银行买了一只虚拟货币的基金，在这只基金后面没有任何实体的货币（合成基金）。供应商的说辞是这样的：你可以舒舒服服地投资最大的一百种虚拟货币。听起来不错？但是你在这笔基金中没有投资货币，而是投资了和供应商的一份借款条约（回想一下，我们之前怎样评价这种借款条约）。

交易是这样的：你把你的钱给基金供应商，他向你许诺：按照虚拟货币的股票发展情况，我会在某个时间点给你相对等的钱。他没有告诉你的是：他不会在物理意义上去参与任何一种实体货

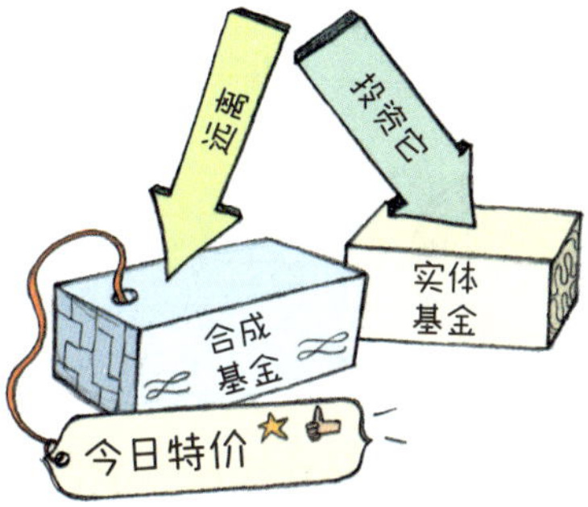

币，也就是去购买虚拟货币。一个这样的人工基金仅仅是在模仿在一个实体基金发生的情况。如果你活在淘金热时期，这就相当于，银行家卖给你假的黄金并且向你说："我们两个人一致决定，我们的假黄金和真黄金有同等的价值。"

如今你不仅能够在金融市场发现这种商业模式，它也存在于百货商场。可能在包装上写的是"奶酪"，但是其中是大豆蛋白、着色剂和芳香剂以及其他的食品添加剂。看起来像奶酪，吃起来像奶酪，但是实际上却不是奶酪。或者包装上写的是"鸡块"。里面却是肉的边角料，这些边角料在某个工厂内被二次加工然后重新压制成型。

我知道，现在有很多美味且品质良好的替代产品，它们可以满足那些想要放弃肉制品的人的需求。但是在这个例子中，让我们先停留在那些能够被超级商场批量提供的替代品上面。老实点来讲：如果你知道了这些产品里面是什么，你会想要购买带有添加剂的奶酪和仿制鸡块吗？大概率不会吧。那么你同样应该远离那些人工基金。即便它们的价格比实体基金更加便宜——相信我：它们不值这个价格。

58

听从那些比你富有的人的建议

有些人已经成为你想成为的样子，你能从他们身上学到最多的东西。听他们在说什么。去做这些人认为有趣且重要的事情。听他们的公开谈话，看他们写的书，听他们的播客。因为如今这些富有的人，他们在大部分时间都在研究未来怎么赚钱。

我们未来的出行方式是什么样子的？电动汽车，超高速火车，会飞的出租车？

我们用的能源会从哪里来？用核能、太阳能，还是现在我们完全不知道的一种科技？这种科技可能会在十年后改变世界。

我们吃什么？实验室里面培育出来的肉制品或者昆虫？由于对抗气候变化迫在眉睫，我们所有人都会变成素食主义者吗？

哪一个城市会变成下一个纽约？有可能是拉各斯，尼日利亚的首都。有可能是东莞、佛山、长春或者中国的其他某一个城市，人们可能听都没有听说过这个城市，它却在短短几年内从一个小村庄变成一个几百万人的大都市。

激动人心的问题和激动人心的答案。如果你能够通过聪明的投资从中获利——去做！就像埃隆·马斯克一样，在我写这本书的时候，他是世界上最富有的人。他是怎么做到的？在他之前几乎没有一个人像他一样思考，他总是想象未来：在五年后世界上一半的人会对什么感兴趣？我怎样能从中获益，通过制造他们想要购买的产品？尚未被满足的需求是什么？哪里存在巨大的需求？以及十年之后大量资金会流入到哪里？

埃隆·马斯克——疯狂的天才

如果有人只是生活在过去，这肯定会有些奇怪。但是如果有人总是生活在未来，从来不生活在现在，可能也一样奇怪。在社交媒体上，马斯克多次分享了关于新冠病毒的扭曲信息。也许他真的在想，他比这个世界上所有的病毒学专家都要聪明。2018年，一名专业潜水员尝试从一个泰国的洞穴中救出一个被困的孩子，马斯克主动提供迷你潜水艇供他使用，他拒绝了马斯克不请自来的帮助，于是马斯克称这位潜水员：恋童癖。当俄罗斯与乌克兰发生军事冲突时，马斯克宣称要单挑普京，赌注是：乌克兰。另外，马斯克相信只有很少人是真实存在的。另外的人仅仅是电脑程序，它们的存在仅仅是为了有选择地挑战少数真实的人或者让他们的生活变得更加美好。马斯克当然觉得自己是真实存在的人，他曾经用很长时间劝说自己的前女友，让她相信自己只是一个模拟程序，一直到她离开马斯克。不久前这两个人有了一个真的小孩，和之前一样，他们叫它XÆ A-12。马斯克的前女友在与他分手之后爱上了一位变性人，马斯克也更频繁地在推特上发表仇恨变性人的言论。这是马斯克的一面，极度破碎的人格。他还有另外一面：当谈到商业的时候，马斯克无疑是一个绝对的天才。在人们根本都无法想到他们应该怎样在网上支付之前，马斯克就发明了支付服务PayPal。在没有人会预料到未来会有一半的人想要驾驶电动汽车的时候，他就投资了特斯拉。马斯克在商业世界中的强项就是：他总是并且只想未来会发生的事情。当他发现了一样东西，并且相信它非常有前景时，他就会出手。并且总是第一批。因为他拥有一项出众的能力，比别人先辨认出未来的趋势。马斯克正在世界各地建造隧道。有一天他会将超高速的火车送进去，时速可能会达到每小时1000千米，从汉堡到慕尼黑只需要45分钟。从柏林到纽约可能比坐飞机还要快。即便这种火车的发明者是一个稀奇古怪的人，我到时候也极有可能是这种交通工具激动的使用者之一。

59 你该如何保证自己的资产安全

你现在投资了三只分散的公司股票，你在十年之前就开始关注这三家公司。你还拿钱投资了分散在世界各地的股票基金。同时你刚刚开始投资主题基金。或许你还会买一些高收益债券。现在你真的可以为自己感到骄傲，因为你已经累积了这么多的资产。但是现在我们来到了一个时间点，在这个时间点，你要开始保护自己的资产。

你已经做了第一步。你存起来了紧急情况下才能动的一笔钱，一份坚实的储蓄。下一步是，购买正确的保险。当你18岁的时候已经有了永久性龋齿并且做了七个烤瓷牙的时候，你当然可以考虑买上一份牙齿额外保险。但是你也可以用这些钱去投资电动牙刷和最好的牙线，并且从现在开始停止喝可乐。如果你需要第八个烤瓷牙，你还有你的紧急情况备用金。

当然你可以给自己的宠物买一份保险。你喜欢自己的狗。但是它喜欢翻垃圾桶。一年中它至少有三次因为这样做而把自己的肠胃搞坏，以至于你不得不带它去看宠物医生。幸运的是，保险会承担这笔费用。但是你也可以用这笔钱给你的狗报名宠物学校的课程，在这里它能学会：不要乱翻垃圾桶。如果它因为其他原因需要洗胃，你还有紧急情况备用金。

当然你可以买一份法律保护险。如果你是一个狂热的涂鸦爱好者，那么你在生命中至少需要一次律师的可能性就变得很高。但是你也可以停止在地铁上涂鸦。找一些你能够合法涂鸦的地方，即便这些地方不够有趣。如果你还是在涂鸦的时候被抓住，需要一名律师来帮你辩护——你还有你的紧急情况备用金。

你真正需要的是在这些情况下能够保护你的保险：在你的生存被威胁的时候，以及在你和你的生活失去平衡的时候。为此你只需要三种保险：

- 责任保险
- 补充医疗险或者私人综合健康保险
- 伤残保险

60 责任保险

在你搬出父母的家之后，你要做的第一件事情是：开派对。你要做的第二件事情是，因为这场派对向你的邻居道歉："对的，对的，不会再发生这样的事情了。"你要做的第三件事情是：买一份责任保险。

你不小心弄坏了别人的东西，这在保险范围内。保险公司会赔偿对应的损失。你不小心踩到了你最好的朋友的iPad，保险公司会赔偿。再比如你的好朋友将这副眼镜不经意间放在了他旁边的凳子上，而你坐了上去。任何责任保险都会涵盖这些微小的损失。但是只有当真正发生了一些威胁到生存的糟心事时，这份保险才会显示出它的重要性。

你出门忘记关煤气灶，你的公寓所在的这一片街区因此着火了。

这样的事情可能会毁掉你的生活。如果发生了这样令人恶心的事情，你必须能够受到保护。所以当你寻找一份责任保险的时候，注意最高的保险额度。不能是100万，也不能是1000万，而是5000万、6000万或者7000万。这可能会让这份保险的价格变贵，甚至是贵出不少，但是值得。当整个街区都被烧毁，而你的燃气灶是这场大火的源头时，你需要这份保护。当你开车的时候分心而导致了连环车祸，很多人因此严重受伤。当这样的事情发生的时候，你需要一份没有限额的责任保险来保护你。

花费是：5–7欧元/月

61 医疗保险

当涉及医疗保险时，任何低于最顶级的“豪华奢侈品保险”都不合格。

在这里，我鼓励你铺张浪费一番。至少在涉及你的补充医疗保险或者综合健康保险时，你要这样做。我想让你绕开在医院看病的一种体验，每年上百万的德国人都会拥有这种体验：六张病床的房间、湿漉漉的灰色面包片以及很差的医疗条件。

很少人会知道，在同样一家医院里存在着可以看到外面景色的美丽单人房。在这里，饮食也很好，这里住着的病人由首席医师照顾，这些医生在几十年前就已经是他们专业领域内的顶尖人物。

你该怎样绕开第一种经历，并让第二种经历成为可能呢？你可以签订一份补充医疗保险或者综合健康保险。你在有着法定医疗保险的同时，也能享受一份顶级私人保险带来的优势。

当你被诊断出了癌症，我不愿意我身边的任何一个人得这种病，然而在德国每年都会有几十万的人被诊断出癌症。当你拿到了这样一个诊断时，你该怎么办？你需要最好的医院，最好的医生，最好的照顾。

你可能需要被专用医疗救护飞机送到他专门的诊所。一次顶级的治疗和一次顶级的康复训练。这样的治疗可能花费几百万欧元。为此你需要：一份全包的保险。

你需要一份一流的健康保险，它在最坏的情况下也能帮你支付费用。

为什么我要对你说这些？因为你现在还很健康。因为你对有可能的疾病一无所知。因为你还没有做过（或者做过很少次）手术。因为你的身体在这个年龄还处于一个很不错的状态。反过来这也意味着：保险公司会以此推测，你会一直这样健康下去。如果你在青春期的时候签订这样一份保险，你只需要交很少的费用。你越等待，你生病的次数越多，你要交的费用也就越高。当你40岁的时候，你要出一大笔钱才能买到补充医疗保险或者综合健康保险。趁你还年轻以及健康，关注一下这方面的事情。如果你永远都用不到这份保险呢？这是不是就变成了一份不必要的支出？好问题。

我们假设一下，你活到了120岁，你这一辈子从没有患过严重的疾病。在某个夏天风和日丽的日子里，你从你花园的梯子上摔了下来，花园里的樱花正盛开。像这样具体地去想象一个场景。然后诚实地面对这个问题：当你120岁躺在草地上时，你美好的一生浮现在你的眼前——你真的觉得，直到这时你都还在想：我买的健康保险怎么从来都没派上用场？太可惜了！

花费：15欧元起/月（补充医疗保险）

只要你有了定期的收入，你就要签订一份这样的保险。比如在你签订第一份工作合同的时候。这样做的目的是：即便你的身体不再支持你做这样的工作，你还是能拿到工资。

为了说明这一点，我不想谈论折断的手臂、扭伤的脚踝或者轻微的抑郁症。这些情况你都能克服。我现在想谈论一些真正恶心的情况：癌症、颈部以下瘫痪、严重的双相情感障碍。

这种情况下，你需要你能得到的最好的照料。于是你需要你的补充医疗保险。但是如果这还不够，并且你已经不能工作了，该怎么办？即便是世界上最好的医生也无法治愈你的疾病，该怎么办？

这时你需要一份伤残保险。它会每个月支付给你养老金，以此替代你的收入，直到你退休为止。而你早就用股票和基金为你退休以后的生活做了准备。

花费：30–50欧元/月

62

伤残保险

尽管你的身体现在还可以应对像末日般的俱乐部之夜。尽管你现在摔断骨头三周后就能不拄拐杖再次行走。每一个身体都会衰老，每天一点点。我知道这个事实很苦涩。但是你无法阻止衰老的过程，即使你是几十亿富翁。但是，你可以为这种情况做准备，也就是当你的身体不能满足你原本的需要时，买一份伤残保险。

63 总结：专业的事情交给专业的人去做

你可以自己找到一份合适的责任保险并签约。这没有问题。但是对待伤残保险和补充医疗保险的时候不能这样做。你需要一位专业人士。一个专门从事伤残保险业务的人和一个每天都在和补充医疗保险打交道的人。

为什么？恶毒一点来讲就是，因为保险的商业模式本身是非常贪婪的。你既不会认真读完几百页的合同，也不会将其理解透彻。我也是，至少其中的一半我都不理解。没关系，正因如此你才需要将其委托给这方面的专家。比如你买了一份补充医疗保险，它能够帮你支付最好的诊所和最好的医生的费用，但是你要自己承担使用专用医疗救护飞机的费用，再没有什么比这更让人恼火的了。或者你买了一份伤残保险，如果你失去了两只胳膊或者两只腿，这会在保险的理赔范围内，但是如果你患上了严重的慢性抑郁症，它却对你置之不理。而这仅仅因为你没有读到第177页第9章的第424项条款，它正好把上面第二种情况排除在理赔范围之外。

犒劳自己一下，让自己享受一位专业人士的高级咨询。他一定是自由工作者，也就是说，他不为某家保险公司工作。你可能平均要和他待在一起8小时，这样你们能够找到一份完美的保险。

寻求专业人士的帮助——这同时也是一个建议，它从现在开始贯穿这本书剩下的部分。迄今为止你自己可以做到所有的事情，我只需要提供很小一部分帮助。从100000欧元到一百万欧元之间我们所有人都需要帮助：来自专业人士的帮助。

64 生命中美好的事物

我们刚才在保险这一部分谈论的事情很让人沮丧，不是吗？所以我觉得：现在我们必须谈论生命中美好的事物。因为：如果你不用钱来做一些让生命变得美好的事情，你的财产又有什么用呢？你会成为生活中毫无乐趣可言、只知道存钱的德国人，你肯定不想成为这样的人。

这里有三个例子。一场摩托艇之旅，摩托艇是租来的。一个Gucci的包。一辆二手的大众面包车。

你怎么得到它们？

愚蠢的投资者，大部分人都是这样，会从自己的账户中把钱取出来。他们把钱从为自己设立的养老基金中提出来，仅仅为了享乐。我建议你千万不要这样做。即使你发誓以后再也不这么干，你还是做了一次。

当你再想做一次的时候，门槛就会变低。有了第二次，就会有第三次。接下来会发生什么——嗖嗖嗖——你的养老基金里面余额变成了零。你不得不从头开始。

聪明的投资者使用另外一种方式，这也是我想向你介绍的一种方式：SMART-目标。SMART代表：

Spezifisch（具体）——尽可能精确地定义你的目标。你不会想要随便什么游船。你要想：这次旅行是在慕尼黑附近的斯坦恩伯格湖上，我要坐电动游艇Laguna760，因为对一对伴侣而言，这艘游艇后面有着最佳的位置，你们甚至可以躺在上面。你不会想要随便一个古驰的包。你想要的是带有绿红条纹的Ophidia系列的行李袋。你不会想要随便一辆大众的汽车。你想要的是2002年制造的大众T4 Caravelle 2.5 TDI车型。

Messbar（可衡量）——计算出你需要为自己的目标花费的准确金额。乘坐Laguna760来一场两小时的游艇之旅需要

200欧元。带有绿红条纹Ophidia系列的行李袋需要2000欧元。大众T4 Caravelle车型价值20000欧元。

Attraktiv（吸引力）——你为什么想要这些东西？你想要这场游艇旅行，因为你计划在那里求婚。你想要古驰的行李袋，因为你从青少年时期开始就梦想拥有它，并且在那时告诉自己："在第一次升职的时候我就给自己买一个。"你想要这辆大众轿车，因为你发现去马尔代夫或者迪拜的长途旅行让你感到无聊。你更喜欢和自己的狗一块去波兰的波罗的海海岸，你买来这辆二手车并且自己修好了它。你们早上从停在沙滩旁边的这辆汽车中醒来，然后直接跳进海里游泳，再没有什么比这更加让你感到幸福的事情了。

Realistisch（现实）——你被允许做梦。但是同时不要失去和现实世界的连接。第一次你只想要在一辆租来的游艇上度过两个小时，而不是想要买下一艘游艇。你刚开始只想要买下古驰的这款行李袋，而不是同时想要和其相配的衣服和鞋子。你一开始只想要一辆二手的大众面包车，你可以自己把它修好，而不是一辆像战舰一样大小的，带有壁炉、超大的床以及全景屋顶的顶级房车。

Terminiert（实现日期）——尽可能具体地想象你什么时候想要实现自己的梦想。游艇之旅可能是在下个夏天的6月21日，因为你的男朋友或者女朋友这一天生日。你要在12个月内完成一次升职，这样你就可以奖励自己古驰的行李袋。你想在你拿到博士学位之后送给自己这辆大众的面包车。如果你够勤奋的话，六年半差不多。

现在你知道了，你想要什么，你为什么想要它，以及你什么时候实现自己的愿望——还缺少一样东西：你怎么得到它？你买它的钱从哪里来？

先看一下你的日常账户。当你除去租金、饮食以及其他的固定支出，并把10%存到你的10%账户之后，你还剩多少钱？如果还够支付一场游艇之旅，那就去做。如果够你买包，那就去买。如果不够，比如买一辆大众的面包车可能不够，那你必须为之省钱。如果你每个月存下100欧元，那么你需要16年才能买下这辆车。如果你每个月存200欧元，你需要8年的时间。如果你每个月存下250欧元，你需要6年半，正好是你提交完博士论文的时间。如果250欧元对你来说太多的话，那么很抱歉，这个梦想可能对你来说太大了。那么你很可能在SMART-目标中的realistisch（现实）这个点没有认真考虑自己的经济状况。

我要再说一次抱歉，因为我不能给你能够让你快速抵达SMART-目标的加速器。你需要的是：耐心。但是我知道另外一个加速器，相比于游艇之旅、古驰行李袋和大众面包车，你可能对它更感兴趣。它是通往第一个一百万的加速器。

假设气候变化摧毁了整个世界，会怎样？

自从人类开始做交易，就只剩下了一个方向：向上！更高，更快，更远。直到现在为止情况一直是这样。虽然存在经济危机，但是那只是下一个新的高度的开端。可能这种情况会一直持续下去。难道我们没有考虑过后果：当我们继续这样做交易时，我们会摧毁地球。我们毁坏热带雨林，越来越多的动物物种因为人类活动而消失。如果我们不做本质上的改变，将来没有人可以在这个星球上面居住。

因为你的和我的祖先一直十分勤奋地燃烧石油、天然气、森林以及几乎其他的一切，这些行为不断地破坏我们居住的星球，你会在你的生命中感受到这些行为带来的后果。我们在谈论的是气候危机。当你面对干旱、飓风和圣经中那样的风暴潮的时候，你还有心思去想每个月把你收入的10%放到一个ETF中？

如果我们什么都不改变，整个地球会面临着气候末日，那么你的紧急情况备用金、基金或者自己的房产都将毫无用武之地。如果你足够幸运的话（或者有很多的钱，或者至少有很大的权力），你可能会得到宇宙飞船中的一个位置，这艘宇宙飞船飞往火星或者别的什么地方，在这个地方人类会从头开始。如果你不走运的话，你可能会和大部分人一样待在下面。当我们在太阳下被70℃的高温炙烤的时候，让我们一起最后嘲笑自己一次：你曾经读了一本书，它教你如何变得比自己的父母更加富有。

这是一种选择。在这种选择中我们一起走向灭亡。在这种前景中人们有着莫大的无力感。我也是。和你相反，由于年龄的原因，我可能等不到和你一起面对气候危机带来的糟糕后果的那一天。什么能对抗这种无力感？投资。

人们的需求不会改变，就算是面对世界末日也不会。他们饥饿的时候还是想吃东西，想念某人的时候会跋山涉水去看他，冷的时候想要取暖。如果我们想要拯救这个世界，只有一个办法行得通，我们要开始支出很多的金钱。我们，我们中的每一个人，你也是。因为你知道的，钱不会消失。在面临世界末日的时候它只会换个主人。我觉得，你应该从中获益。

我们让所有的石油集团和所有的燃煤发电站都破产。你从今天就开始往太阳能、风能和水能投资！

我们要淘汰所有还在使用石蜡燃料的航班，以及那些仍然在使用汽油发动机的汽车制造商——从今天开始去投资电动交通工具。

如果有一天市场上最后一家廉价肉屠宰场关门了，你早就已经在此之前投资了人造肉或者素食替代食物。

你做这些不是为了未来能够积累资产，而是为了这个星球的未来——你可以参与以及再次塑造世界！并且我指的就是字面上的意思：你要购买那些基金，在你看来它们所属的公司能够拯救这个世界！美好的一点是：如果有足够多的人行动起来，公司也不会死守着那些具有破坏性的商业模式。也就是说，你现在拥有一个机会：利用你的投资去对抗气候危机。

第五章

时间跨度：10-15年

第一个1000000欧元

你该怎样启动通往第一个一百万欧元的加速器

还有哪些专业的投资能够让你向前一步

为什么你应该成为一个终生投资者

65

通往百万欧元的加速器

如果你想要起身开始走向第一个100万欧元，在这个地点你有两个可能性。第一个：你心满意足地开始休息。继续勇敢地用你的10%账户往分散在世界各地的股票基金和你的主题基金中投资。然后等待，20年，30年，50年。你每年都会慢慢地靠近100万欧元，一直到你到达目的地。这是一条可计划的、理性的以及合法的道路，并且完全没有问题。

但是更快一点是不是更酷？第二个：启动通往百万欧元的加速器。真的存在这样一个加速器，或者说策略！人们叫它：杠杆。

背后的原理是这样的：你去借钱。借助这些钱你可以把自己原本的一小部分钱变成真正的一笔大钱。换句话说，你从银行贷款去投资。当然，要尽可能地有利可图。当你用杠杆的时候，你可以让投资的利润翻上1倍、2倍，甚至可能是原来的10倍或者100倍。当人们操作得当的时候，这是一个疯狂的机会。

当人们操作不当的时候，同样意味着疯狂的风险。想象一下，你坐在扑克牌桌后面。你的牌很好。你押上了所有的筹码。你可能会赚很多钱。但是最多只会输掉你押进去的钱。如果你想要给你的牌加上一副杠杆，你会去找那个提着钱箱、看起来像黑手党成员一样的人物，向他借一大笔钱，这样你就可以押上比你所有身家还要多的筹码。如果你的牌赢了，一切都没有问题。那位神秘的黑手党成员也能拿回他的钱。但是如果你输了呢？你所有的钱都没有了，你还欠着那位黑手党成员钱。很糟糕，不是吗？

不管你是用金融产品还是扑克牌，如果你用了杠杆，你投资的损失就可能翻上1倍、2倍，甚至是原来的10倍或100倍。并且你投资的钱中还有借来的钱。债主会催促你还钱。杠杆是一种你真的要负责任使用的工具，不然它会有毁掉你的风险。

让我用一个例子来解释杠杆如何运作。想象一家来自某个行业的公司，你认为这个行业很有未来。这个公司在证券交易所上市了，这意味着，你可以买它的股票。你坚信它的股票价格会上涨。因为这家公司刚刚发布了一款革命性的产品，它能够极大地改善这个世界：可能是100%治疗癌症的药物。也有可能是一台无限生产能源的机器，并且不需要燃烧石油或者天然气。

我们假设，你现在可以往这家公司的股票中投资10000欧元。一年后你卖出这些股票，因为在那个时间节点股价上涨了20%。你得到了12000欧元，其中2000欧元是利润——很好的交易，不是吗？这是正常的投资。

但是你想要给这笔投资加上杠杆。这意味着：你要拿出比你本来拥有的更多的钱来进行投资。你带着你的10000欧元去了银行，你告诉工作人员：这些钱是我的资产证明，请借给我90000欧元。我向你保证一年后还上这笔钱。这样你就有了100000欧元，你用这些钱去买刚才想象的那家公司的股票。这种情况用术语来说就是：你用了10倍杠杆。一年后股价再次上涨了20%，你拿到了120000欧元。你把其中的90000欧元还给了银行。祝贺你，你原本投入的10000欧元现在变成了30000欧元。在扣除银行要求的费用之前，你的股票收益是200%。一次轰动的交易。

一年200%的收益——这是杠杆许诺给你的美梦。但是杠杆还有另外一面：一场噩梦。

和第一种情况一样，你的10000欧元作为资产抵押留在了银行。银行借给了你90000欧元。你用这100000欧元投资了自己公司的股票。但是现在爆出了一些新闻：你公司CEO发明的那个声称要改变世界的产品不起作用。抗癌药不能让患者康复；第一台无限能源机器爆炸了，并且整个城市都受到了辐射。公司的股票直线下跌，跌了99%。你100000

欧元的投资在一年后仅仅价值1000欧元。

你在想，股票涨了，股票跌了，这些都正常。你很放松。下一款药物会更有效，下一台无限能源机器不会爆炸。没什么大问题。但是现在你的电话响了。是银行打来的，它想让你还上之前借的90000欧元。但是你已经没有了这笔钱。

之后会发生什么？银行会用另外一种方式拿回自己的钱。它会将你几十年前小心呵护的股票账户全部清仓。如果这还不够的话，它会拿走你的游戏机、你买的古驰Ophidia系列行李袋或者你的二手大众面包车。如果这些还不够，银行就会把你告上法庭。法官会说：就这样吧。宣告私人破产。你会再次从零开始，你现在一分钱都没有了。

给股票加杠杆——当你是几十亿富翁的时候，你可以这样做，这时候赔掉90000欧元只是区区小事一桩。但是，请千万不要在你想要赚到第一个一百万欧元的时候这样做。这太冒险了！

即便如此，现在不要把杠杆这件事情妖魔化。你可以使用杠杆，但是不是用在股票上面。这太冒险了。犯了一个错误，你就要从头开始。你现在拥有的一切都会清零。如果你想启动通往百万欧元的加速器（你不必这样做，这只是一个更快的选择而已），你可以把杠杆用在比股票风险小一些的资产装置上面。如果你想的话，你可通过给房地产加杠杆变成百万富翁。

66 你的第一处房产

你到现在为止都做了些什么？买了分散的股票，一份紧急情况备用金和一只分散在世界各地的基金——这些策略人们称之为储蓄。这是赚到第一个100000欧元的最好策略。这也是一个赚到一百万欧元的好策略，对你余下的人生来说也是。只是仅仅通过储蓄变得富有，这至少要花上几十年的时间。

如果想要这个过程变得快一些，你必须开始减少储蓄。你从银行贷款来投资一些你本来负担不起的东西。为什么？因为你相信这笔交易是值得的。上面我们已经说过，用股票太过冒险。股票的价格会涨也会跌。在证券交易所总是能够发生一些你预料之外的事情。比如一家公司的CEO在收支表里面伪造根本就不存在的钱（参考上面Jan Marsalek和Markus Braun的故事）。另外，当银行催你还债的时候，你手头却已经没钱了，这种情况也很愚蠢。

我们需要一笔投资，这笔投资能给你带来丰厚的利润。但是它的价值不会像股票一样浮动得如此厉害。另外，这笔投资能够定期给你带来可信赖的收入，这样你就可以一点点还上你的贷款。

只存在一种能够满足这些标准的投资：房产。换句话说，现在你要购买自己的第一套公寓。你现在要向银行贷款，也就是借钱投资。

为什么在房地产上面用杠杆会比在股票上面用杠杆更安全？因为交易房屋是一件持久且昂贵的事情。这并非几秒、几分钟或者几天就能完成的事情。它要持续上几周、几个月。这就是房产市场好的地方。人们在恐慌之中做出行动的时间更长，因而也需要更长的时间招致更多的混乱。和像股票一样波动幅度更大的投资相比，房地产的波动幅度更小，也就是说，它价值的上下浮动不会那么强烈。

你买房产的钱从哪里来？现在你去银行，向他们解释，你是谁，以及你计划做什么：在之前的生命中你十分理性地对待金钱。你一直很准时地支付自己的账单，并且悉心呵护自己的股票账户。你有一个计划：你想要买一栋公寓。在银行的眼中你有良好的信用等级。换句话说，他们可以相信你。我和你打赌，银行会给你一笔买房产的贷款。

我们再说得具体一些：银行会给你100000欧元。我的建议是：和银行协商，在很长的一段时间内每次还很小一部分，直到还完。比如：每个月还370欧元，这样你要还30年。你需要这么长时间，这对于银行来说没有问题。为此银行到最后会拿到比借给你更多的钱：30年后你大概还给银行133000欧元。听起来很多，但是为什么仍然值得呢？我这就向你解释。

顺便说一下：如果你真的选择了这个策略，你还要更详细地阅读房地产金融的相关细节，如还款、绑定贷款利率和年利率等。这些超出了这本书的范围。所以我们现在先停留在一个粗糙的数字上。

我们的计划是：你找到一个价值100000欧元的小公寓。然后把它买下来。但是你不要搬进去住，而是寻找一位租客。最好的情况下这位租客每个月支付的租金刚好够你还银行的贷款。30年后你还清了银行的贷款，房子也归你所有。并且你一分钱都没付，你的租客为你还了贷款。

如果租金不够你还银行的贷款，这个时候我们称之为短缺（Unterdeckung）。这意味着，你每个月还要自己补贴一些钱上去。当这个数额比较小的时候，没有问题。50或者100欧元？简单，你只需要将其看作另外一个储蓄计划就可以了。补全这一部分“短缺”在某种程度上只是另一笔“支出”——这笔支出就像你的ETF储蓄计划，在几十年后你会发现这是值得的。

当你还了大部分或者完全还完了银行贷款时，你就把它卖掉。有可能它升值了，比如现在价值300000欧元。很不错，不是吗？但是如果你觉得不可能比这更好了，请往下接着看：目前的法律状况是这样的，当你出售一套至少属于你10年的房子时，你不需要缴税。你赚了300000欧元——一个小的公寓。

注意：我们在计算的时候有意识地省去了公证费、房产转让税、附加费用以及其他的乱七八糟的费用，这些也会在你购买房产的时候被算进去。请原谅我。事实当然比我们说的要更复杂。但是这也无法改变这个事实：对你来说，没有比购买房产更好的事情了。

到目前为止都是一些理论。你该如何找到一套公寓？你在寻找的时候应该注意什么问题？

67

位置，位置，位置

你现在可能住在慕尼黑、科隆、汉堡、莱比锡、斯图加特。你怎么可能支付得起在这里的一套公寓？这里的一室公寓就已经卖到了50万欧元。你也不应该在这些城市买房子。你不应该在一个现在所有人都想居住的城市买房子，所以关键词来了：供给和需求，你还记不记得——疯狂地变贵。

你要在一个这样的城市里面寻找一处房产，现在没有人想要住在这里，但是几年之后所有人都想要住在这里。

你还记不记得火星视野。整个世界都是你的投资区域。你不一定住在哪里，就买哪里的房子。从理论上来讲，你可以在全世界范围内寻找你的第一套房产。但是实际操作中我想建议你在德国寻找。在德国要完成购房时烦人的文件就已经够困难的了。你不必再在一个全是外语的外国政府机构和税务局找不痛快。

当你寻找你的第一处房产时，只有三件事情是重要的：第一，位置；第二，位置；第三，位置。当然了，这听起来很像你那烦人的二舅在家庭聚会上喝完三杯啤酒之后的插科打诨。但是他说的很有道理！这句话并不是指我们要强调三次位置这个事情。这里指的是三种不同的位置。如果你想找到一个在今天很便宜，在未来价值又能继续上涨的房产，这三个位置都很重要。

宏观位置

看一下德国的不同地区。你觉得你在哪里能买得起一套公寓？小剧透：在大都市和拜仁州、巴登符腾堡州这样富有的联邦州你可能买不起。看一下德国剩下的区域：你寻找的这片区域同时还发展得很不错。很有发展前景。在这个区域内找一个居住人数还在增加的城市。这个城市有一个大学，学生的数量还在增加。有一个ICE站[1]就已经不错了，如果有一个飞机场那就太棒了（至少在一

① 指德国的城际快车，Intercity-Express。——译者注

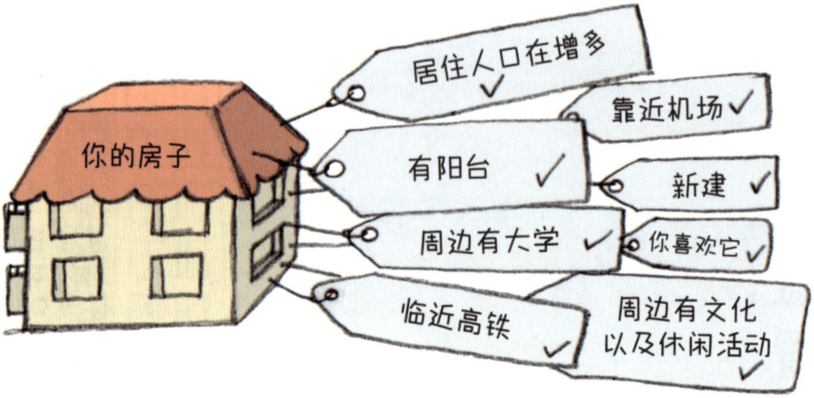

到两个小时的车程内）。你可以借助所有的报道、维基百科和谷歌地图来搜索这些信息。问问你自己：当地有哪些公司？哪些是历史悠久并且将继续在这里待下去的？哪些公司未来会搬到这里？或许有一家跨国集团宣布要在当地建一座新的工厂？这个城市还提供别的什么设施？有没有旅游景点？附近有没有旅游景区？总而言之：如果你现在居住在这个城市，你的生活会不会还不错？以及你相不相信，未来你在这座城市的生活会更好？如果你给出的都是肯定的答案，你就找到了你的第一处房产所在的城市。

微观位置

在谷歌地图上锁定这座城市，放大。现在你感兴趣的应该是，这座城市的哪个街区值得居住？哪里有很多的餐馆？俱乐部在哪里？博物馆和画廊在哪里？公园在哪里？如果你找到了一个区域，不仅它现在已经具备我们上面提到的所有设施，并且很多的餐馆、俱乐部和画廊都在最近的几个月内刚开张——那么你就找到了一个区域，这个区域在未来的几年内会变成真正繁华的街区。有没有可能在这个繁华的街区内会出现你的第一套房产？现在你要离开你写字桌前的椅子。因为你在这一个步骤发现的所有东西，你都应该去实地考察一番。也就是：在家完成搜索，但是至少去那里一次，看一下你发现的东西是否真实存在。你在现场的时候是不是有同样美好的感觉？如果是的话，那么你找到了你的公寓所在的街区。

纳米位置

现在你要从新闻报道、维基百科和谷歌地图转换到房产中心的网站，在这里它们售卖你要买的公寓。你要关注你在第二步找到的那个街区。你很喜欢它的微观位置。仔细看广告。你要注意：这是一栋什么样的楼房？它是在哪一年被修建的？在买第一套房产的时候我建议你：不要因为能够买到建于17世纪的漂亮老楼房而沾沾自喜。第一套公寓最好买刚建好的房子（或者毛坯房）。如果这栋房子是按照今天的能源和建筑标准由一位严肃的工程师设计，那么最好的情况下你在未来的30年内都不用担心要支付昂贵的维修或者修葺费用。接下来你要看：这套公寓在这栋楼房的什么位置？它有没有一个阳台？阳台的位置是否朝南，也就是采光怎么样？看一下平面图，如果你能够想象到人们搬进去是什么场景：特别舒服。这样你就找到了你的第一处房产，肯定会有别人像你一样喜欢它。我们现在说的是一个一室的公寓，如果一个学生或者一个刚工作的人能够租下它，这会很不错。但是如果一对退休的夫妻想要搬进去的话，那就不是很好了。我的意思是：你的公寓应该被想要搬进去的人所喜欢。尽可能形象且具体地想象一下你梦想的租客。

68

谁来操心租客的事？

如果你买了这套公寓，你现在完全有权利问：谁来找租客呢？当水管坏了的时候，谁来找一个维修工？很简单：你来。

你每几周就要去一趟你第一套房产所在的城市并照顾那里的一切事情。很烦人？是的。值得吗？值得！坦诚来讲，面对几十万欧元的利润，我觉得你每隔几周去那里待上几个小时，保证你的房产不会出问题，这并不过分。

你应该自己做好所有的事情：找到一个租客，委托一个维修工，和房产经纪人以及楼管打电话。当你有了第二套或者第三套房产时，你就可以把这一切交给房产专家去打理。但是你要自己做一遍，这样你才能理解所有的事情。

69 什么是财产？我到底有多少钱？

到目前为止，你很容易就能够算出来你有多少财产。你可以看一下，你的账户和投资组合中的结余分别是多少，并把它们算在一起：这就是你富有的程度。如果你开始贷款，也就是开始向银行借钱，这个问题会变得复杂一些。其中一个例子就是你的房产。你现在是否有一套公寓？这属于你的资产吗？或者因为你现在向银行贷了款，所以你现在处于负债状态？

我建议你每年做一个所谓的资产负债表。这样你就能对自己拥有的财产有一个大概的了解。一开始的时候这是件很容易的事情，一张纸就够了。后来当事情变得复杂的时候，你需要一个软件来帮助你对你的资产做到心中有数。你现在的资产负债表大概看起来像这样。

左边是你的资产，也就是你拥有的东西。右边是你的负债，也就是别人未来要从你这里拿到的东西。

资产负债表 I

资产			负债		
紧急备用金	6000 €	3%			
个股	4000 €	2%			
ETF	50000 €	25%			
主题基金	20000 €	10%			
房产 I	120000 €	60%	房产负债 I	100000 €	50%
			净资产	100000 €	50%
总计	200000 €	100%	总计	200000 €	100%

如果你仔细看一下这张资产负债表，你会发现，目前你的状况很乐观。你的资产是负债的两倍。这是一个非常好的资产负债比。

几年后，当你快变成了百万富翁的时候，因为你买了第一套公寓（并且把所得的资金进一步投入房地产），你的资产负债表在最好的情况下看起来是这样的：你的结余是480000欧元的净资产。

资产负债表 II

资产			负债		
紧急备用金	12000 €	1.4%			
个股	8000 €	0.9%			
ETF	175000 €	20.6%			
主题基金	80000 €	9.4%			
房产 I	200000 €	23.5 %	房产贷款 I	75000 €	
房产 II	250000 €	29.4 %	房产贷款 II	180000 €	
房产 III	125000 €	14.7 %	房产贷款 III	115000 €	
房产总计	575000 €	67.6 %	贷款总额	370000 €	44 %
			净资产	480000 €	56 %
总计	850000 €	100%	总资产	850000 €	100 %

70 不出名的天才和无聊的猴子

另外你要在资产负债表中体现出来的一个条目是：有形资产。也就是：金条、珠宝、老式汽车和飞机。简而言之，所有你能够触摸到并且长期保值的东西，比如艺术品。

有可能你大学的时候学了艺术史，你现在还和你最喜欢的教授保持着联系。你们通电话的时候，她告诉你，她刚刚写了一本书，这本书的主角是一个尚未出名的法国表现主义艺术家。并且一个著名的博物馆正计划做关于这本书的一个展览。如果你和教授打完电话之后立刻买下这位不出名艺术家的一幅、两幅或者三幅蚀刻版画，这一点都不愚蠢，真的，甚至是很聪明的举动。你先保存着这几幅画，一直到这位教授的书出版，然后博物馆推出相关的展览。这位艺术家会在全世界变得出名，她的画也会变得更有价值——现在你可以用原来价格的两倍、三倍甚至一百倍把这位艺术家的画卖出去。便宜买进，高价卖出。如果你对艺术感兴趣，我一定要鼓励你去尝试一下。同样的道理也适用于运动鞋、汽车、手表、邮票。这取决于你对什么感兴趣以及你真正了解什么东西。

然后还有NFT。这个缩写代表了Non-fungible Token（非同质化通证）。一个NFT就像一个数字印章，它指向区块链中的某个储存地址。通常人们将其理解为和虚拟货币运行方式类似的数字艺术品。

如果你购买了一个NFT，这次购买行为会被登记在一个区块链中，这表示：你是这幅数字艺术品的所有者。但是在法律上这幅作品并不为任何人所有，你也不能提出任何对其版权的要求。其他所有人可以在特定的情况下将你的NFT作为头像使用或者用它制作表情包，再或者用它二次创作属于自己的NFT。

我们以《蒙娜丽莎的微笑》为例，这可能是人类历史上最著名的画像，更形象地向你介绍这是什么意思。

1503年由意大利艺术家列奥纳多·达·芬奇在画布上所作的油画《蒙娜丽莎的微笑》，其原版现在挂在巴黎卢浮宫。这个博物馆是这份拥有500年历史画作的所有者。所以你不能用手触摸或者带走这幅真迹。它只属于卢浮宫，不属于你。

你能够做的是：你可以在卢浮宫给这幅画拍照——如果它的所有者，也就是博物馆，允许你这样做。你可以买一幅赝品。或者你可以买一件带有这幅画的卫衣。卢浮宫不能对此有任何意见。NFT也是这样。其他人可以继续使用这幅画并且让它变得更加多元，而你并不能从中得到任何东西。

到这里为止，它们的相同点就结束了。像达·芬奇这样的艺术家，他们画上一幅画可能要耗费几年的时间，但是人们可以在几分钟之内就创作一幅数字艺术品。

好吧，如果我们说的是一幅独一无二的作品，我也能将其看作有价值的、自发的艺术成就。

但是，如果人们依靠算法制作出了成千上万个NFT，其中只有十分微小的细节差异，但是却能卖上几千、几万甚至几百万，我们还能称之为艺术品吗？比如Bored Ape（无聊的猴子），嘻哈歌手埃米纳姆和史努比狗狗、篮球运动员史蒂芬·库里以及像波兹·马龙、帕丽斯·希尔顿和贾斯汀·比伯这样的名人都购买了这个NFT。Bored Ape有一个基本的原型，就是一只无聊的猴子。从这个原型出发，算法来决定这只猴子在其他的变种图片上穿的是条纹短袖还是纯色短袖。它是戴着太阳镜，还是眼睛里射出激光。它是在微笑，还是呲牙咧嘴。在我写这本书的时间点，这些猴子的制作者们已经赚了整整十亿美元。这对他们来说非常好，主要是对他们有好处。事实上，这只对他们有好处。

不好意思，因为我无法看到，制作者之外的其他人如何从交易这些猴子中获益。再次说声抱歉，把这些猴子看成艺术品对我来说是件困难的事情。影响深远的艺术品之所以能产生，是因为艺术家们曾带着真挚而又深刻的情感去创作这些艺术品。当我们欣赏画作的时候，当我们听到他们的歌曲时，当我们读到他们写的小说时，我们能够感受到这些情感。至少我是这样认为的。其他的人也有可能对艺术拥有不同的理解。

人们必须承认，NFT是完完全全的商业发明。它不能提供更多的价值。但是它是有价值的。如果你对它感兴趣，并且对交易成千上万幅无聊猴子的变种图片饶有兴致的话，就像每一幅艺术品、每一件有形资产一样，NFT也是一个值得投资的可能性。

也有可能我是错的。也有可能未来会出现NFT的不同应用形式，所有人都能从中得到附加价值——我也不知道。我相信会是这样。我希望可以这样。就好像我完全不能够想象，现在人们甚至可以在区块链上进行公证。

71

投资初创公司

如果你去问投资者，他们有时光机器的话会做什么，很多人都会说：回到1979年去买苹果的股份，当时史蒂夫·乔布斯还在父母的车库里面摆弄我们现在使用的电脑的前身。或者，回到2013年，去买特斯拉的股份，当时没有人能够想象到，未来会有一半的人类想要驾驶电动汽车。

很遗憾，我不能提供给你一台让你回到过去的时光机。但是有一个策略可以让你在30年后成为人人都嫉妒的对象，因为你曾经作为第一批人投资了引领市场的某个行业，这个行业可能今天还不存在。把你的钱投到初创公司中，也就是新创立的公司，它们为了未来的发展还需要额外的资金——你的钱。

我们现在谈论的是投资的一个领域，在这个领域内你可以赚到多到你想象不到的钱。你也有可能损失掉多到你想象不到的钱。往初创公司投资是一件风险

很大的事情。所以，拿出你很小一部分的资产去投资，比如5%。我们现在假设你有100000欧元的资产，你可以投资5000欧元。

所有的初创公司都想成为独角兽企业。人们称市值超过十亿美元的初创公司为独角兽企业。像这样的初创企业需要这样一笔相对而言金额比较小的钱吗？当然了！但是有限制。

如果这些初创公司有一个投资者，它早就给了这些公司几百万欧元，那么这些公司可能对你的5000欧元不太感兴趣。那么你需要找到一家这样的公司，它已经发展到了这个程度：很久之前就有了很多顾客，并且有着几万或者几十万欧元的营业额。

你需要一家刚刚起步的初创公司。你怎么找到这样一家公司呢？去一些初创公司的推介会。大部分的大学，特别是科技或者经济方向的学院会提供这样的活动。你也可以在网上看一些直播。学生会在这种活动上介绍他们想出的一些产品，并且想要为此创立一家公司。如果你喜欢其中的一个主意，去和创始人谈一谈。去问一下：“嘿，很棒的想法，现在情况怎么样，你们需要资金吗？”我向你发誓：这些创始人会非常感激你问出了这些问题。因为很少有投资者会信任一个到现在为止还没有很多人相信的想法。为什么你不能成为第一个吃螃蟹的人呢？你的5000欧元对于还处在这个阶段的公司来说已经很多了。

如果你真的很早就参股，你可以用自己的5000欧元买下这个公司50%的股份。也就是说，真的是第一个把钱投进去的人。如果这个公司已经有了小小的发展，那么你或许能拿到20%的股份。如果它已经开始运转起来并且发展势头良好，那么你或许只能拿到1%的股份。不管你拥有多大的份额，只要这家公司

还在发展，只要它的市值越来越高，你就能从中获益，会有越来越多的营业额，越来越多的顾客，越来越多的投资者。

让我们算一下，如果这家公司一直扩张，你的股份能值多少钱。你一开始投资了5000欧元，拿到了1%的股份，如果这家公司现在市值十亿欧元，你现在能拿到多少钱？你原来的5000欧元会变成1000万欧元，即便你只是拥有这家公司0.1%的股份，你也能拿到100万欧元。

即便这家公司只有1000万欧元的营业额，你之前用5000欧元买下了1%的股份，这1%的股份现在也值100000欧元。

现在你知道了：投资一家初创企业可能会带给你疯狂的回报。但是下面这些同样是事实：大部分的初创公司都无法熬过最初的几年。因此你的钱很有可能就打了水漂。另一方面，你仍然有一个十分十分十分小的机会赚到一千万欧元。

困难的是找到一家能熬过前几年并且未来十分有前景的公司。你怎么找到这样一家公司？

为了回答这个问题，我想向你介绍两个令人兴奋的人物。

第一个人真的十分擅长找到这样一家公司，他比所有人都先入场，然后大赚一笔。

另外一位是一个创始人，她通过把性玩具从阴暗的角落推到大众面前来说服自己的投资者。

彼得·蒂尔—— 一位激进者

如果没有这位在一定程度上也发挥了作用的德国人，硅谷——也就是苹果、Facebook和谷歌的摇篮，或许永远都不会成为高新科技产业的全球中心，这个德国人就是：彼得·蒂尔。他出生在美茵茨河畔的法兰克福，是一位国际知名化学家的儿子。彼得·蒂尔的父亲在1977年定居在加利佛尼亚。当他32岁的时候，他和埃隆·马斯克一起创建了支付服务机构PayPal。在他们把这家公司出售之后，蒂尔开始用自己的钱投资初创公司。他创立了所谓的风投基金，也就是用于风险投资的基金。蒂尔在这方面展现了出众的直觉，他总是能够找到一家未来能够飞速发展的公司。他是 Facebook的第一位外部投资者。现在他在投资一些大麻初创企业、生态科技公司和金融科技公司，也就是想要用科技改变金融服务业的公司。比起他的投资，他的思想对硅谷的影响更加深远。他的书《从零到一》（*From Zero to One*）在加利福尼亚被视为第二本圣经。蒂尔学习哲学，他相信对于科技行业，只有几家公司或者最好只有一家公司主导这个行业是好的选择。蒂尔的观点和其他的经济专家相悖，它觉得竞争会阻碍创新并毁灭利润。从这个激进的观点出发，蒂尔致力于将坐落于硅谷的大公司变得规模更大。在这个过程中，如果有必要的话，这些公司必须要对其他的参与者毫不留情，不管它是否可能是竞争对手，还是国家。蒂尔甚至说，市场的自由和民主的自由是相互排斥的两件事情。

莉-索菲·克莱默
——温和的改革者

莉-索菲·克莱默曾经自己说过，几年前她曾经坐在火车上读小说《五十度灰》。克莱默出生于1987年，伴随着电视剧《欲望都市》（*Sexy and the City*）长大，她惊讶于在情欲这个主题上这个社会变得多么的开放和包容：只要所有的参与者都是自愿的，每个人都可以和另外一个人发生关系。几乎没有了禁忌，除了一样事情：成人玩具。在名为Dildoking或者Beate Uhse的商店里面，克莱默只能找到落满灰尘且令人反感的玩具。一点都不酷。不知道怎么回事，还有些阴暗。克莱默心想，为什么它们不能是另外一种样子呢？情欲是人们最基本的需求，人们同样可以用玩具来赚钱。现在人们需要的是观念的转变。克莱默成立了“爱茉莉”。光是这个公司的名字就让人感觉到：甜蜜[1]。它的广告看起来也是如此，广告在带有贴画的卧室里拍摄，画面中完全正常的人在使用这款玩具。克莱默将玩具从完全阴暗的角落带到了Instagram的视频以及城市中。就这样“爱茉莉”说服了情侣们，如今，把这家公司的降临节日历放在圣诞树下对他们来说成为理所当然的事情。也说服了另外一些人在“爱茉莉”购买鞭子或者振动器，他们在之前从不敢踏进任何一家色情商店去购买这些东西。克莱默降低了成人玩具的门槛，并且让情侣和个人更容易去订购这些产品。很早之前就已经有勇敢的基金看到了这一点，这些基金的特长就是风险投资：这家公司会变成一家真正的大企业！它一直在走上坡路。这家公司创立3年之后，德国最大广播商就购买了这家公司75%的股份——并且在成人频道捐赠给了这家公司一个自己的节目。同时克莱默也创立了自己的风投基金，她也开始投资初创企业并且以导师的身份为初创者提供咨询。

① Amor是古罗马爱神，elie让人联想到Amelie的名字。

72

用基金投资初创企业：私募股权

如果你喜欢读收支表，如果寻找一家初创公司能给你带来很多乐趣，那就去做我们刚才说的。找到初创公司，投资，有可能你会成为几百万富翁，也有可能你会“烧掉”很多钱。

如果你想从初创公司的浪潮中获利，而不是仅仅参与一家初创公司；如果你没有兴趣去读什么收支表，也没兴趣去和企业家打招呼，并且因为你的参股还需要经常预约去公证——当这一切都让你头疼并且你想要在投资初创公司的时候分散风险：投资一个做这件事情的基金。这些基金只投资还没有出现在证券交易所的公司。人们称之为私募股权基金。可能是一些微型企业。也可能是奥乐齐和雷韦这样的市值几十亿的公司。汽车供应商保时捷，它同时也售卖电动螺丝刀和吸尘器，或者美国的汽车制造商克莱斯勒。

那些只投资初创企业的基金，进行高风险但是也可能有高回报的投资，人们称之为风险投资基金或者风险资本基金。

73

“退休金漏洞”——靠分红生活的梦想

提到财富的时候，很多人的梦想可能是：靠分红、利息和收租生活。你的投资组合必须达到多高的价值，你才能做到这些？你需要多少资产，这样你才能每年在德国从分红、利息和租金中拿到50000欧元的平均收入？

我估计：150万欧元，最低的。

如果你的“仓库”里面已经有这么多钱，你已经没有兴趣再工作了——那就不工作了。如果你的身体告诉你，你应该这样做，让你的身体安静下来。千万不要拒绝它的建议。不要对自己说：“这么做不值得，代价太高了。”和你的狗玩耍。整天烘烤蛋糕和香蕉面包。自己做披萨。修建花园。学习一门乐器。学习画画。学习所有你曾经想要学习的外语，去环游世界，去看那些你对着照片墙上的照片流口水的地方。这对于投资者来说可能是这一生美好的最后一个阶段。

让人悲伤的最后阶段是这样的：你指望着养老金给你提供生活上的保障。你这一辈子勤勤恳恳积累了一些财富。你最后的几年拖着身体去上班，你数着日子，一直到你终于退休。然后呢？早上打开电视，晚上关上电视，刷牙然后晚安。一天天重复这样的生活。一直到你死去——一开始是无聊得要死，后来真的死了。

我认为，“退休”这个概念只能描述一个时间节点，在这个时间节点你实现了经济独立。可以是30岁，也可以是40岁或者60岁。

我不想规定你老了之后做什么。但是你要理解：我十分鼓励你成为一个终生投资者。或许我能用这本书说服你，一生都保持这种状态，直到生命的最后几天你还在饶有兴致地交易股票、基金、虚拟货币、艺术品和初创企业。

谢谢你读到了这个地方。这对我来说是一种荣誉，希望对你来说是阅读的喜悦。你现在知道了怎样成为百万富翁。关于如何变得比你的父母更加富有，现在你知道了可计划的、严肃且合法的道路。那就：开始吧！

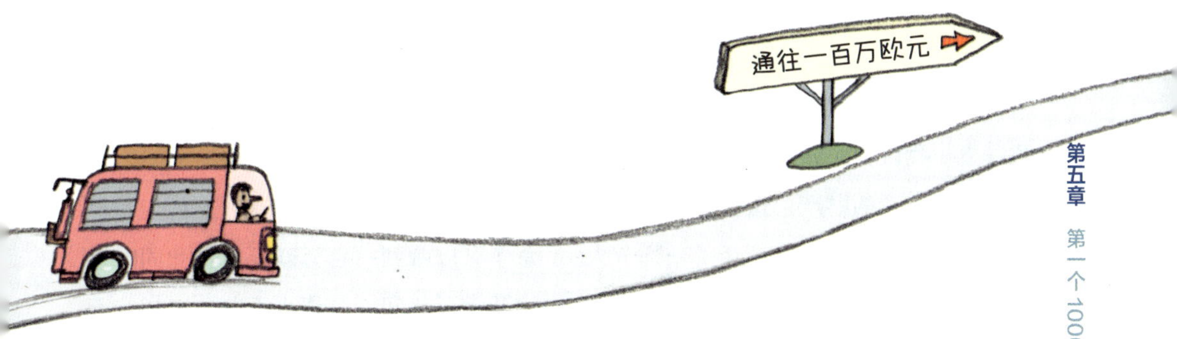

假设我们把所有超级富翁的财产收归国有，会怎样？

有时候我会想，拥有几十亿资产的富翁在生活中会不会遇到糟心事。这种想法非常符合人性。当我看新闻的时候，我看到他们买下豪华的惊人的游艇、坐宇宙飞船遨游太空以及吃着金箔包裹的牛排。抱歉，这是一些像孩子一样的成年人，并且还是那种谁都罩不住的孩子。

同时在这世界上还有人因为饥饿或者疾病死去，而且这些疾病或许只需要一针疫苗就能治愈。有青少年死在矿井中，他们在矿井中挖掘为制造智能手机所需的原材料。有成年人和孩子死在并非他们挑起的战争中。另外我们每个人都面对着气候危机。

坦诚来讲，当有人说，“我们要把哪些大富豪的钱拿来，然后用在社会公益事务上”，我非常能够理解他们。

但是人们必须区分，所谓好的和坏的富豪。我认为，如果人们只是简单地征用所有富豪的财产，这会传递一种致命的信号。人们同时也剥夺了一部分人用发明改变这个世界的动力。如果人们到最后不管怎样一位研究者的钱都要充公，那么他为什么要早起去研究治愈癌症或者阿尔茨海默病的药？人们为什么还要发明对抗气候变化的超级科技？我认为，这种上升的承诺——只要你有一个好的主意并且努力工作，你就能做到一切，它能带给人巨大的力量。在这种情况下，我认为富有没有任何问题，甚至极其富有也没有问题。

我们以埃隆·马斯克为例，在我写这本书的时候，他是世界上最富有的人，拥有超过2000亿美元的资产，拥有太空游艇的亿万富翁之一。有时候人们会对他到底有多少钱失去概念。这里我举一个简短的例子。想象一下你真的赚很多钱：一年一百万。与此同时你从来不花一分钱。你需要多久才能变得像埃隆·马斯克一样富有？估算一下。100年？更多！500年？更多！1000年？还要更多！如果你一年赚一百万并且一分钱都不花，你需要20万年才能变成一个拥有2000亿美元存款的富翁。向后计算意味着：如果20万年前出现了第一位智人，他是第一位在地球上直立行走的人，他每年可以赚到一百万欧元，与此同时在这几十万年间一分钱也不花，直到今天他才能像埃隆·马斯克一样富有。

我们能从中得出结论，说这个世界不公平，然后把这些超级富翁的钱全都拿走吗？可能可以吧。但是我有另外一个关注点：上亿资产的“驾照”。当有人从百万富翁或者千万富翁变成亿万富翁的时候，所有人都要通过一场考试。他/她必须在一开始写一篇文章：他或者她是从什么地方到达这里的？哪些人帮助他或者她走上了这条向上的道路？他或者她有没有给予这些人足够的感谢？我们会问他的朋友、家人和敌人，为了得到一个问题的答案：这位亿万富翁是一个好人吗？

接下来是治疗。每个亿万富翁都必须和自己过去生活的创伤和解。这样他才不会因为之前在学校被同学霸凌，而买下第五艘游艇。或者她不会想通过和很多年轻的男人（或者女人）做爱的行为来弥补自己不幸的青春期，仅仅因为她在之前遭到了很多的拒绝。通过这场考试的人会得到一张证书，上面写着：这位亿万富翁拥有配得上他的资产的成熟度，他不会尝试用金钱来弥补自己人格的缺陷。

在最后，人们要检验的是让他或者她变得富有的生意：他提供的产品或者她提供的服务对很多人来说是有价值的吗？他或者她缴税吗，还是把这些钱放到了某个免税的小岛上？她或者他有没有给自己的员工好的福利和薪资？有没有遵守最基本的人权？比如不雇用童工。如果这一年公司发展得很不错，员工是否也能拿到好处？

没有通过这一部分考试的人，他们的钱会移交给一个基金会，这个基金会的目的是对抗全球饥饿以及资助落后的国家或地区购买对抗小儿麻痹症的疫苗。只有通过这三部分考试的人才能成为亿万富翁。在这种情况下，资产是50亿、500亿或者5000亿都无所谓了。

但是我对自己的想法还有一个问题：到底谁会组织这样一场考试？联合国？其他的亿万富翁？来自哈佛、耶鲁或者牛津的最聪明的学者？人工智能？所有人在网络上投票？还是上帝？

如果你能想到，有谁在举办“亿万富翁驾照考试”的时候一定不会受贿，请联系我！我们一起建立一个党派，然后为之奋斗！

帮助你实现经济独立的十个建议

1.你必须帮助自己

这个世界存在不公平。你的父母能够拿到企业养老金，并从国家那里得到一笔养老金。他们在当时可以做到，一辈子都把钱放到存折里面，但是在30岁的时候仍然买了房子，这是你一辈子都渴望的事情。现在是这样的情况：你必须自己去操心这些问题。因为没有人能够帮助你。国家不能，银行不能，学校也不能。你只能自己教给自己如何对待金钱。

2.最好的开始时间就是现在

生命就像在马路上开车。你会在前面的几个路口转弯或者错过这些路口，按照你自己的选择，你什么时候结束了学业，你决定学什么专业，你搬去了哪个城市或者你去了哪个国家。每一个你现在做的决定都会影响到你之后做的决定。没有人可以悔棋。你现在不做，未来可能需要花更多的力气去弥补。如果你之前错过了一次启程的机会，你选择的空间会越来越小。如果你想早一点开始自己的投资，最好的时间点就是今天。你为自己的工作开个头，然后在接下来的几年以及几十年内不断积累——一直到你抵达目的地：第一个一百万欧元。

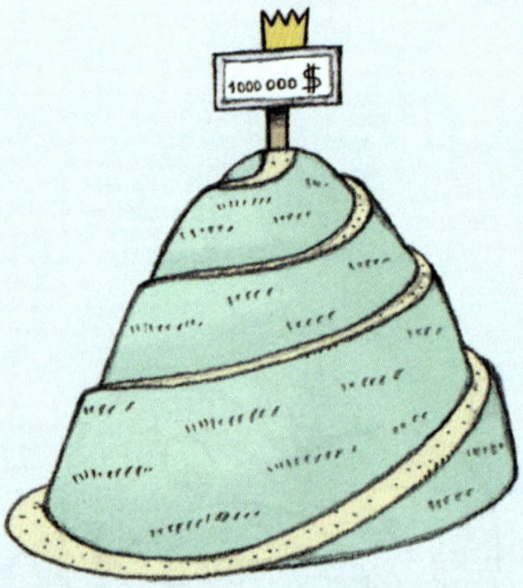

3.不存在既合法、可计划又可以快速致富的道路

你当然可以发明一件让全世界为之疯狂的产品，作为发明者你会变得极其富有。只是这样一个主意并不是可计划的。有很大的可能性，你这一生都不会想出这样一个主意，它支撑着你创建一个公司并让你成为亿万富翁。另外一个替代方案是在网上进行毒品交易，然后变得极其富有，这是我们不主张的。只是这样的交易会把你关进监狱。如果你既没有改变世界的主意，也没有去犯罪的经历，就只剩下：理性的投资。为此你需要：耐心。从无到你的第一个百万欧元需要持续很长时间。但是你一定可以做到——我向你保证！

4.只投资那些你能理解且能接受的东西

想要变得富有，你既不需要出卖你的灵魂，也不需要学上十年的企业经济学。你不需要去理解那些极其复杂的金融产品。正相反，对你来说，最好的产品是那些你作为门外汉也能够理解的产品。你决定如何去投资，也直接影响着这个世界会如何变化。所以，只投资那些适合你的东西。你觉得好的东西。你相信通过这些东西，按照你对好坏的标准，能够让这个星球和居住在这个星球上的人们朝着文明的方向前进。股票、债券、艺术品、金子、原材料和房产——你面前是一整个等着你去投资的世界。你只需要迈出第一步。

5.遵守10%规则

不管你手里的钱从何而来——生日红包、零花钱、兼职或者第一笔交易，从每一笔钱中拿出10%去投资。或者换句话说：让你的钱为你工作。

6.人们能用钱买到许多，幸福买不到

金钱不一定会让你变得幸福。有钱或许能让你睡个好觉，吃得更好，获得更好的旅行体验。但是如果你没有朋友和家人，即便是在跑车和酒店套房里你也是一个人。即便你是每一个派对上最富有的人，你也不会快乐，同时你还是派对上最愚蠢的那个人。不要只投资金融资产，也要往人身上投资。例如，投资教育，以及最主要的：你和别人的关系。

7.和在生活中不同的是，证券市场上的一切都会再次好起来

当德国人想起经济的时候，他们的视野通常会停留在DAX指数上面，这个包含了德国40家公司的股票指数。你看到的不仅仅是整个德国，也不是整个欧洲。你的投资领域是整个世界。不仅仅是一个行业，而是所有的行业。不仅仅是一家公司，而是成千上万家公司。懂得分散风险的人，不会跌落深渊。有耐心的人会沉着等待：证券市场上最坏的一天或者几周风暴算得了什么，如果你把视野拉长到几年或者几十年，再回头看这些最坏的日子只是股价重新上涨的开端罢了。

8.你不仅仅要挣钱，还要保护它

如果你拿到了第一笔利润，很好。如果你的财产在增长，很棒。但是如果你突然不能做自己想做的事情，你的身体或者精神状况忽然变得不太好，你该怎么办？如果你能够签订一份正确的保险，遇到这些事情的时候，你至少不会跌得太痛。

9.生命中美好的事情

你不能成为一个从来都不犒劳自己的守财奴。你应该享受最好的食物、最好的饮料、最好的音乐会、最美好的旅行。如果你足够自律，并且按照SMART-目标聪明地朝着你的目标迈进，你可以允许自己做一切你真的想要做的事情。

10.你的经济独立宣言

你为什么要做这一切？这样你就能在55岁的时候整天坐在窗户后面，每天吃着相同的食物，看着相同的风景并且再也不离开自己的房屋吗？当然不是了！你要做一个终生投资者，为了能感到十足的安全，为了生命中美好的事物，因为这些能带给你乐趣。为了能在某个时间点喊出你的经济自由宣言。

致谢

真挚感谢这一路上陪伴我的同行者，你们花了如此多的时间搜索事实、检验数据并且试读这本书。

真挚感谢贝蒂娜·卡尔滕巴赫从头到尾为这个项目的付出。

特别感谢尼克拉斯·赛达克和费利克斯·霍费尔推动这本书的出现。

我还要感谢我的孩子，艾玛和麦克斯，你们是最初的读者，并且给了我十分珍贵的反馈。

感谢我的伴侣，我亲爱的夏洛特，你和我一起一遍又一遍阅读这本书的细节让这本书变得更好。

《与巴菲特共进午餐时，我顿悟到的5个真理：探寻财富、智慧与价值投资的转变之旅》

当一位年轻的对冲基金经理以 65.01 万美元竞拍价
与巴菲特共进午餐时，将会发生什么?
他成为了一名真正的价值投资者。

ISBN：978-7-5153-3151-5
著者：(美) 盖伊 · 斯皮尔
开本：16开
页数：232页
出版社：中国青年出版社

内容简介

本书记录了作者的重大转变，从一个年轻傲慢的投行经理，变成了一个坚守价值投资、取得高度成功的对冲基金经理人。作者的转变与进步，源于他的深刻反省、格雷厄姆与巴菲特的投资理念，同一些全球优秀投资家的学习与探讨，还有与心中偶像沃伦·巴菲特的一次午餐，这顿价值65.01万美元的慈善午餐教给了他人生中颇有价值的道理，包括非常规思维往往更好、永葆好奇心与童真、学会说不、忠实于自己、培养并维系有价值的人际关系。在这次午餐之后不到一年时间里，他从曼哈顿搬到了苏黎世，不再向新的投资者收取管理费，也不再着迷地查看股价。

作者的故事充满了力量，常有令人惊愕之处，对投资、交易和高风险决策的敏锐洞察比比皆是。通过分享过往的投资案例，作者详细讲述：为什么正确的榜样是投资成功的关键；如何构建更好的投资流程；如何过滤掉市场中让大多数投资者受干扰的短期噪音，并从中获利。更重要的是，他解释了对自我清楚的认知如何帮助他梳理思绪，并做出更好的投资决策——而不是被好胜心、嫉妒、恐惧所驱动进行决策。书中还介绍了他与著名投资家莫尼什·帕伯莱共同总结的“投资者检查清单”，这样的检查清单可避免投资者犯重大错误。作者还给出了一些投资建议和技巧，以及做出明智决策的方法。

对于任何对投资感兴趣的人，对于那些想要通过走不同道路获得成功的投资者，本书将提供视野、指导与激励。

量价分析

量价分析创始人威科夫的盘口解读方法

著者：（英）安娜 · 库林
ISBN：9787515344379
定价：59.00元
出版社：中国青年出版社

美国亚马逊量价分析主题图书长期排名居前。

威科夫量价分析法至今被华尔街所有投资银行奉为圭臬。

杰西·利弗莫尔、J·P·摩根、理查德·奈伊所倡导的盘口解读法。

内容简介

每一次我们进行交易时，都会面临这样一个问题，"接下来的价格会是什么样的？"量价分析将提供答案。在交易中有两个很重要的指标。一个是价格，另一个是成交量。如果孤立地看这两个指标，我们得到的信息不多，但如果将这两个指标相结合，就会产生一个非常有力量的分析方法。

量价分析之父理查德 · 威科夫曾多次采访杰西 · 利弗莫尔、J · P · 摩根，发现这些大师都拥有一个共同点：就是将行情纸带作为投资决策的依据，通过价格、成交量、时间、趋势发现基本的供求规律。他们都是盘口解读的倡导者。

本书详细阐述了理查德 · 威科夫分析方法的精髓，系统介绍了量价分析方法的各个层面，用简单易懂的方式解释了这其中的常识与逻辑，包括量价分析的重要原则、市场是如何被操纵的、需要注意的重要的K线图形态、支撑位与阻力位、动态趋势和趋势线、价量分布分析。所有这些构建起了整个量价分析法。

本书是以局内人（做市商）的视角写作的，阐释了局内人的行为轨迹，以及为什么量价分析是帮助你看到市场内部行为的好方法。作者帮助你洞察他们的行为，识破他们的伎俩，破译市场信号，跟随他们的行动，在他们买入的时候买入，在他们卖出的时候卖出，成为局内人以外的能够从市场中获利的群体。